A PAIXÃO E SEUS DESTINOS PATHOLÓGICOS

Blucher

A PAIXÃO E SEUS DESTINOS PATHOLÓGICOS

Um olhar psicanalítico

Ana Cláudia Zuanella

A paixão e seus destinos pathológicos: um olhar psicanalítico

1ª edição – Blucher, 2024
Editora Edgard Blücher Ltda.

Publisher Edgard Blücher
Editor Eduardo Blücher
Coordenador editorial Rafael Fulanetti
Coordenação de produção Andressa Lira
Produção editorial Juliana Morais
Preparação de texto Regiane Miyashiro
Diagramação Plinio Ricca
Revisão de texto Cristiana Gonzaga Souto Corrêa
Capa Laércio Flenic
Imagem da capa Manoel Veiga – "Sem título ID1806" (2021, acrílica sobre tela, 180x105 cm)

Blucher

Rua Pedroso Alvarenga, 1245, 4º andar
04531-934 – São Paulo – SP – Brasil
Tel.: 55 11 3078-5366
contato@blucher.com.br
www.blucher.com.br

Segundo o Novo Acordo Ortográfico, conforme 6. ed. do *Vocabulário Ortográfico da Língua Portuguesa*, Academia Brasileira de Letras, julho de 2021.

Dados Internacionais de Catalogação na Publicação (CIP)
Angélica Ilacqua CRB-8/7057

Zuanella, Ana Cláudia
A paixão e seus destinos pathológicos: um olhar psicanalítico / Ana Cláudia Zuanella. – São Paulo: Blucher, 2024.
146 p.

Bibliografia
ISBN 978-85-212-2007-7

1. Psicanálise I. Título

24-0616 CDD 150.195

Índice para catálogo sistemático:
1. Psicanálise

Ao meu pai, Sérgio,
minha mãe, Dora,
e meu filho Leonardo.

"Minh'alma, de sonhar-te, anda perdida
Meus olhos andam cegos de te ver!
Não és sequer razão de meu viver,
Pois que tu és já toda a minha vida!

Não vejo nada assim enlouquecida...
Passo no mundo, meu Amor, a ler
No misterioso livro do teu ser
A mesma história tantas vezes lida!

Tudo no mundo é frágil, tudo passa...
Quando me dizem isto, toda a graça
Duma boca divina fala em mim!

E, olhos postos em ti, digo de rastros:
'Ah! Podem voar mundos, morrer astros,
Que tu és como Deus: princípio e fim!...'"

"Fanatismo", Florbela Espanca, 1923

Conteúdo

Agradecimentos

A história deste livro passa por muitos, porém, vou me deter àqueles mais ligados a ele, os quais nomearei, mesmo sabendo do risco de esquecer alguém importante, que, espero, me perdoe.

O ponto de partida foi há dez anos no Mestrado. A organização das ideias aqui expostas são fruto da construção da minha dissertação e não aconteceriam se eu não tivesse resolvido fazer o Mestrado com meus 45 anos motivada pelo amor aos estudos. Eu queria estudar com Zeferino Rocha, que foi meu professor na UFPE 35 anos atrás e o responsável pelo meu primeiro encontro com Freud. Na verdade, escrevi o projeto para e inspirada por ele. Minha enorme gratidão e respeito a ele.

Eu não teria continuado o Mestrado se, após o necessário afastamento do meu professor, eu não fosse acolhida por uma nova orientadora, Edilene Queiroz, que me aceitou com os jogadores já em campo e, mesmo assim, encontrou tempo para direcionar minhas ideias, dando-lhes coerência e pertencimento; sou-lhe imensamente grata!

Agradeço também ao laboratório de Psicopatologia Fundamental e Psicanálise da UNICAP, que sempre levantou questões pertinentes e sugestões úteis para minha escrita, tirando-me o chão algumas vezes e me ensinando a encontrar o equilíbrio no conhecimento.

O Mestrado não teria sido tão incrível se eu não tivesse encontrado uma turma tão maravilhosa e unida, que, inclusive, resolveu ser de bom tom enlouquecer em conjunto. Todas sobrevivemos; Jeanne Gouveia virou minha afilhada e agora colega na psicanálise, e Carolina Albuquerque foi e continua a ser minha "outra significativa", com muitos significados embutidos. Hoje, com mais conhecimento de causa, não canso de dizer: amo vocês. Sem vocês, além de Renata, Kelly e Luciana, não teria sido tão especial quanto foi. E foi muito. Por isso ainda reverbera.

Agradeço a Luluca porque sempre terei o que lhe agradecer.

A minha irmã, Ana Beatriz, sou-lhe grata por ter me inspirado a seguir esse ofício que me faz tão feliz, a psicanálise.

Obrigada, Lúcia Menezes, que começou a me ensinar na Universidade e nunca mais parou de me dar a chance de aprender com você.

Minha enorme gratidão a Ignácio Paim Filho por ser minha referência, ser o maior estudioso de Freud da atualidade e me dar a chance de aprender com você, trazendo de volta o frio na barriga que os estudos me causam, ao me ensinar a pensar numa outra perspectiva, retirando-me da segurança que faz a gente se esquecer de questionar. Você aceitar de pronto escrever o prefácio do livro e ainda vibrar muito comigo é um desses momentos que a gente sabe que jamais se esquecerá.

Alexandre Patrício, agradeço pela rapidez em aceitar meu convite para fazer parte desse projeto tão valioso para mim. Você torna a psicanálise mais compreensível, menos encapsulada e nos incentiva a fazermos desse saber algo acessível, posto que tão fundamental para o humano em nós.

Agradeço a Manoel Veiga, o artista que, sem saber, já tinha dado forma e cor ao que penso da paixão, permitindo que uma de suas belas obras ilustrasse a capa deste livro com seu talento que conheço e acompanho há anos.

Obrigada a todos da SPRPE, que fazem a instituição que escolhi pertencer há trinta anos e sempre me desafia em vários sentidos, mantendo a certeza da minha escolha.

Agora um agradecimento especial a todos da Blucher e Jonatas, que aceitaram ler meu projeto, resolveram publicá-lo, deram todo suporte e me permitiram compartilhar essa coisa maravilhosa chamada psicanálise. Vocês são o elo final de uma história de paixão pelos estudos, amor ao conhecimento e partilha afetuosa de ideias.

A Deus, Santa Rita, Espírito Santo e seus anjos, sem os quais nada haveria.

Aos que me lerem, agradeço por me deixarem chegar até vocês!

Professor Zeferino Rocha

Existem educadores que nos marcam para sempre, Zeferino foi um desses. Ele era uma espécie de mito entre nós e ensinou muitas gerações de analistas, que, imagino, assim como eu, não esquecem de sua paixão por Freud e de sua transmissão única da psicanálise.

Estudei com ele na UFPE em 1989 e criei uma admiração que o tempo não apagou. Em 2013 quis estudar com ele novamente e por isso fui para UNICAP fazer o Mestrado. Eu o procurei muito timidamente e perguntei se ele aceitaria ser meu orientador. Expus meu tema e ele aceitou de imediato. Minha felicidade foi enorme, e o medo também, eu ainda me via diante dele como a aluna de psicologia de 19 anos, que se acanhava ao chegar perto do grande professor.

Escolhi meu tema inspirada numa aula na qual ele falava das instâncias ideais e citou o apaixonar-se. Era um assunto que ele tratava com paixão e essa paixão me contagiou.

Mandei para ele o meu projeto e ele marcou um encontro para iniciarmos a orientação. Eu esperei nervosamente, mas ele nunca chegou, assim como não compareceria mais à universidade, com uma única exceção. Uma forte gripe o afastara naquele semestre e seus filhos, preocupados, queriam que ele se aposentasse.

Eu paralisei. Fiquei esperando por sua volta. Quatro meses depois, quando todos já estavam com suas dissertações em andamento, eu ainda não conseguia me mexer. Eu o aguardava.

Quando o professor pediu seu desligamento definitivo, eu precisei aceitar o fato e foi a professora Edilene que me permitiu elaborar a situação. Ela avisou que tinha inúmeros orientandos, mas que me aceitaria mesmo assim, por isso eu continuei. Comecei por causa de Zeferino e terminei por causa de Edilene. Até tentei ler Lacan para facilitar nossa orientação, mas ela nunca me cobrou escolher seu autor predileto. Ela foi extremamente generosa. Aprendi muitíssimo com ela e sempre agradecerei por ela ter me adotado, como eu dizia.

Em 2013 quando procurei o Mestrado, sem saber, eu fui aluna da última turma que Zeferino daria aula. Eu ainda o vi dois anos após, na minha banca de defesa, juntamente com os demais componentes, Edilene Queiroz e Ivo de Andrade e Lima. Esta foi a última vez que ele participou de uma atividade acadêmica, despedindo-se não só da vida de grande professor, mas também de todos nós pouco tempo depois.

Este livro tem muito, ou quase tudo, dele, de um assunto que ele entendia como ninguém e adorava discutir. Este livro é fruto de uma pesquisa teórica, para fins universitários, com construtos expostos de uma maneira formal, no entanto, se repararem bem, verão como ele traz os afetos nas entrelinhas. Para além do estudado, nele corre sangue vivo que vibra de emoção. O que está por vir foi fruto da experiência acadêmica mais viva, vívida e vivida que alguém pode ter tido. O professor Zeferino faz parte disso.

Encerro aqui minha homenagem ao meu Professor repetindo os versos com o qual ele encerrou minha defesa de dissertação.

De tudo, ficaram três coisas: a certeza de que ele estava sempre começando, a certeza de que era preciso continuar e a certeza de que seria interrompido antes de terminar. Fazer da interrupção um caminho novo. Fazer da queda um passo de dança, do medo uma escada, do sono uma ponte, da procura um encontro.

Fernando Sabino (2005)
Declamado em 01/04/2016

Carta para os autores

Caros autores,

Para mim, escrever é um ato de amor. Parágrafos são suspiros; crases, reverências; parênteses, abraços apertados; reticências, piscadelas; exclamações, beijos ardentes; vírgulas, pausas para o respiro antes do recomeço.

Não escrevo nem em prosa nem em verso. Escrevo psicanálise, que é um pouco disso, daquilo e muito mais. Comecei obrigada há uns vinte anos. Continuei por pura safadeza, ou seja, mais pelo prazer do que pela obrigação.

Leio mil coisas para escrever um tiquinho. Crio uma espécie de flerte com meus livros, aproximo-me com cautela, vou me interessando vagarosamente, decidindo com parcimônia se devo ou não me envolver mais profundamente. Deixo vários pretendentes pelo caminho. Apaixono-me por uns tantos, caso com alguns, estabeleço relação de amizade verdadeira com outros. Nenhum me sai incólume.

Agora, no fim da longa pesquisa que levou a este livro, é chegado o momento de me despedir de certos amores, separar-me de uns tantos amigos, morgar algumas ficadas.

Deixo aqui minha carta de despedida e agradecimento para meus companheiros, novamente sabendo que não conseguirei citar nem metade deles, apesar de reconhecer o significado de cada um nesse tempo percorrido juntos.

Gadamer, agradeço-lhe por ter chegado do nada e iluminado meu caminho. Disseram que você não era para mim, mas eu insisti e demos certo. Você me apontou o método e me ensinou como caminhar.

Piera Aulagnier, eu te conhecia há anos, desde o século passado, mas te achava chata, muito fechada. Descobri que você é ótima, tem conselhos fantásticos, posições próprias e as defende com inteligência e argúcia.

Green, sempre te vi e sempre te amei. Nossa história é de outras vidas. E ela continua. A vida e as histórias.

Ana Lila Lejarraga, confesso que não havíamos sido apresentadas ainda, mas ao te conhecer meu mundo mudou. Descobri uma alma gêmea de ideias e... ideais. Penso como você e com você.

Rougemont, posso dizer que quase tudo que eu sei sobre o amor devo a você. Simples assim. Martins, Bento, Birman, entre tantos, pareceram fugazes, mas marcaram minha história.

And last but not least, Freud, que dizer para ti, meu amor? Que te conheço desde a mocidade, que já passamos muitas noites juntos, dormimos enlaçados, e nunca me canso de te ter em meus braços. Você tem mistérios que ainda me encantam, você se mostra a mim de novas maneiras a cada encontro. Não me canso de querer te desvendar. Para você nunca será uma despedida, mas um até breve, com a brevidade de um piscar de olhos.

Peço desculpas aos outros, Barthes, Alberoni, Ceccarelli, Fédida, Berlinck, e tantos e tantos mais, queria escrever para vocês também, pois cada um teve sua importância na nossa parceria. No entanto, não posso me estender, já que tenho uma dissertação para revisar e defender. Vocês serão meu exército e meu escudo. "Escolha bem quem você quer ao seu lado no campo de batalha". Sei da minha escolha.

E cá entre nós, sabemos que essa despedida é momentânea, um gesto simbólico para marcar a ausência de vocês esparramados por dois anos em todos os cantos da casa, tomando conta de cada espaço vazio, ao meu lado 24 horas por dia, sete dias na semana. É chegada a hora de irem momentaneamente, que seja, para as estantes, já cientes de que estaremos sempre nos esbarrando por aí para um chá, um cinema, um fim de semana prolongado ou uma vida inteira.

Saudades desde já,

Ana
16/10/2015

Prefácio
Paixão – um desmedido encantamento por si mesmo, no outro

Ignácio A. Paim Filho[1]

Acrescentemos que, nas duas situações opostas, a paixão extrema e o suicídio, o Eu, embora por vias totalmente diversas, acaba sendo sobrepujado pelo objeto.

Freud, 1917, p. 111[2]

Contudo, podemos afirmar que a paixão [...] se baseia nas condições de amor vigentes na infância, de modo que tudo aquilo que puder realizar essa condição de amor infantil, será idealizado.

Freud, 1914, p. 118

O encontro com o livro de Ana Cláudia Zuanella e o convite para fazer este prefácio foram marcados por um forte impacto, que ocasionou curiosidades, desacomodou percepções e acordou impulsos epistemofílicos, na busca de alcançar em suas páginas algumas respostas para a intrigante problemática da Paixão – desmedido encantamento. Esta que traz consigo enigmas e provocações – que falam e

1 Psicanalista e escritor.

2 As citações utilizadas neste texto, em relação aos artigos freudianos, foram retiradas do: Freud, S. (2004/2006). *Escritos sobre a psicologia do inconsciente* (vol. 1 e 2). Trad. L. A. Hanns. Imago.

calam – remetendo a um território que se encontra sob o selo da estrangeiridade, bem ao estilo freudiano, o conhecido e o desconhecido, que, por vezes, tendem a nos paralisar. Entretanto, Ana, embutida da tenacidade dos conquistadores (Freud, 1900)[3], ousa adentrar a esse território apaixonante, construindo uma abordagem elucidativa, ensaiando caminhos entre rupturas, pontes e costuras com seus companheiros de escrita: Gadamer, Green, Aulagnier, Lejarraga, Rougemont e... Estes vão sinalizando o percurso e, como bons modelos identificatórios, ocupam o lugar de referência, mas não de submissão, para que nossa escritora siga na construção de suas próprias ideias, assentadas firmemente na metapsicologia freudiana. Momento de registrar sua relação primeira e perene com Freud, provavelmente, atravessada por paixões e amores, que não se cansam de se presentificar. Sendo assim, compreendo que o seu exercício da escrita se fez sobre a recomendação acolhedora e libertadora das paixões alienantes, inserida, por Freud, no final do trabalho que desacomodou a metapsicologia vigente, o *Além do princípio do prazer*: "Aquilo que não podemos alcançar voando, temos que alcançar mancando" ... "mancar não é pecado" (1920, p. 182).

Tal contexto torna minha tarefa de tecer apontamentos sobre essa temática, elaborada através desse peculiar e profundo olhar psicanalítico, um desafio, mas também uma inspiração, permeada por sinistras inquietações. Diante dessa constatação, estabelecerei um diálogo circunscrito, quero crer entre paixão e razão, com e sem o temor de *mancar*, com as concepções erigidas por ela, a partir de sua interlocução com Freud.

Paixão – essa estranha cidadã – como enuncia a autora, desde os inícios de seus ensaios, está enlaçada com a ideia de *Páthos*, que advém do grego – ser afetado com intensidade. Diante disso, ratificamos

---

3 Alusão a Freud, em carta a Fliess, em 01/02/1900. Freud, S. (1986). *Correspondência completa de S. Freud a W. Fliess (1887-1904)*. Imago.

a ideia de que, um quantum do elemento patologia sempre está presente quando o processo da paixão está em curso. Nesse sentido, a aproximação, com diferenças, que Freud faz entre *paixão extrema e suicídio* – estar submetido a/*sobrepujado pelo objeto* – é mais um indicativo do fator intensidade e da passividade, que evocam a inevitabilidade do sofrimento, da dor psíquica. Deixemos interrogado, por enquanto, quem e o que é esse objeto. Destacamos que essa afirmação sobre o poderio do objeto está justamente no texto "Luto e Melancolia" (Freud, 1917). Nele encontramos um terreno fértil para explorar a dialética entre o trabalho do luto – sofrimento que visa a transformação psíquica, na busca de uma maior autonomia, encontro com a alteridade – e o trabalho da melancolia – eterna repetição do mesmo, um sofrimento sem transformação, seguir a sombra e sendo assombrado pelos objetos primários. Antecipamos que a inter-relação entre a melancolia e o luto será um dos eixos trabalhado neste livro das paixões, que tem como interrogante central – fio condutor de suas narrativas – a seguinte indagação: "Toda a paixão seria patológica?".

Antes de seguir, um rápido assinalamento: a indagação é feita com a palavra patologia sem "h", porém, o título do livro anuncia e indica uma proposição, ao reinscrever a pathologia com "h". Como nos diz Freud, os detalhes nos interessam – evidenciam diferenças e semelhanças, que definem destinos. Portanto, temos aí, mais uma vez, a oportunidade de legitimar que a distância entre o dito "normal" e o patológico é uma questão de intensidade, com suas disposições de criar encapsulamentos psíquicos: o "normal" e o "pathológico", enquanto variação do mesmo tema, nos constitui como sujeito – duas faces da mesma moeda.

Seguindo esse roteiro, com uma centelha luminosa, julgo ser necessário nos debruçarmos sobre a vinculação da paixão, em suas origens, com a problemática do narcisismo, enquanto estrutura de base da psique. Contudo, destacamos que, ao remontarmos aos aspectos estruturais, somos convidados a escutar, também, as ressonâncias do masoquismo primário nesse território das origens. Grifamos que estes dois construtos teóricos, narcisismo e masoquismo, estão assentados sobre a disposição feminina originária, uma cartografia significativa, pano de fundo necessário, para instrumentalizar a passividade inerente à paixão. Essa proposição, em seu conjunto, tem por escopo destacar, entre recordação, repetição e, quem sabe, transformação, fatores que possam dar algum contorno para uma provável metapsicologia da paixão. Como assinala Zuanella, existe uma conexão intrínseca entre o narcisismo primário, pulsão de morte e a paixão. Em consonância com esse pensar, sublinhamos a pertinência dessa concepção para fundamentar os *destinos patológicos da paixão*, meta prioritária das ideias desenhadas nos diversos capítulos que compõem este livro, que traz as marcas do entrelaçamento entre origens e destinos, bem como, entre a vida e a morte, na e das paixões na psique.

Como sabemos, o narcisismo primário é produto das identificações primárias, universo que remete ao Eu-ideal: ser o que o outro diz que tu és. Tal condição é anterior à escolha de objeto, e será determinante das primeiras buscas pelo objeto – escolha do tipo narcísico – com suas repercussões nas demais escolhas. Ao pensarmos neste modo de escolha, que atravessa nossas vidas, temos que retomar que essa é produto dos apaixonamentos que pautam a história infantil do nosso romance familiar: um *amor idealizado.* Assim sendo, na cria humana, o seu processo de tornar-se humana vai ocorrer, psiquicamente, a partir de um investimento apaixonado das suas figuras parentais. Recordemos Freud, que adverte: "O comovente amor parental, no fundo tão infantil, não é outra coisa senão o narcisismo renascido dos pais, que, ao se transformar em amor objetal, acaba por revelar inequivocamente sua antiga natureza" (Freud, 1914, p. 110). Esclarecemos que compreendemos esse *amor parental* sob o escopo da paixão, que faz do seu *amor objetal*, de forma inequívoca, uma reprodução da sua antiga natureza: o *encantamento por si mesmo*, agora, no outro. Contudo, esse outro, o bebê, é um duplo, imagem idealizada, que visa a reativar o *modus operandi* do Eu prazer purificado em seus progenitores. Decorrente deste palco psíquico, com seus desdobramentos na constituição do Eu, julgamo-nos em condição de afirmar que toda paixão, em seus primeiros tempos, coloca sobre o outro, muito mais que seus ideais, suas idealizações, sintetizadas e imortalizadas por Freud, na expressão que busca se fazer imortal também na vida psíquica: "*His Majesty Baby*" (1914, p. 110). Portanto, o vir a se apaixonar sempre evoca um estado que faz do outro um ser pleno, que nós, em nossas fantasias narcísicas, – onde a castração não encontra morada – supomos que fomos, em um passado/presente, não tão longínquo, sempre em estado de prontidão, para retornar do além.

No descortinar do processo de narcisização, se tudo correr de forma suficientemente boa, teremos, conforme Ana Cláudia ressalta, uma abertura, que permite a saída das vivências alienantes do Eu-ideal, para o Ideal-de-Eu: da paixão, com suas certezas de plenitude ao amor objetal, com seus encontros e desencontros, mediados pelo trabalho do luto: repetir sim, porém por novas rotas. Nesse processo, teremos condições de estabelecermos um trânsito profícuo entre os encantamentos narcísicos dos enamoramentos endogâmicos e os encantamentos edípicos dos enamoramentos exogâmicos.

Entretanto, reescutando os objetivos que orientaram a escritura do texto de Ana Cláudia, temos que redirecionar o nosso olhar para os destinos patológicos da paixão – aprisionamento e excessos, associados à paralisia no intercâmbio psíquico – com um acento especial, para suas cinco formas de apresentação: narcisismo patológico, melancolia, negação da alteridade, alienação e fetichismo. Estas trazem para cena as vicissitudes do narcisismo, com seus entrecruzamentos com a pulsão de morte, que revelam com maior nitidez as inúmeras faces da servidão apaixonada do Eu (Freud, 1921)[4] – no fascínio, na

4 Freud, S. (2020). Psicologia das massas e análise do Eu. In *Obras psicológicas incompletas de S. Freud*. Autêntica. (Trabalho original publicado em 1921)

devoção e no autossacrifício – a um objeto que é colocado no lugar do Eu-ideal. Nesse itinerário, Zuanella traça trilhas e deixa alguns andaimes para exploração dos leitores, da relação do narcisismo *versus* masoquismo, no contexto das paixões. Tal perspectiva nos induz a rascunhar, abastecido pelo seu generoso legado, que o masoquismo, como par antitético e complementar do narcisismo, é portador de elementos, como passividade e sofrimento, que nos fazem especular a proposição de que a paixão, que opera nos desnarcotizando – trabalho do luto – das tramas alienantes do Eu-ideal e nos lança para o Ideal-de Eu, está para o "masoquismo protetor", assim como a paixão, que perpetua a narcose – trabalho da melancolia – aos princípios mortíferos do Eu-ideal, está para "masoquismo narcotizante" (Paim Filho e Terra Machado, 2021).[5]

Esse breve cenário se fez narração em meio a certas especulações, visando rabiscar elementos para legitimar a posição da paixão, como uma apresentação ímpar e incontornável da estruturação da psique, descerrando as vias pelas quais temos a repetição diferencial e/ou a ruptura com a "compulsão de destino" (Freud, 1920, p. 148), desenhada pela *hybris* da paixão. Essa tessitura foi balizada pelas reverberações da leitura desse escrito que, como já dissemos, convoca a refletir sobre os vários sentidos da paixão: o desmedido encantamento por si mesmo, no outro. Sentidos que estão ancorados entre o estrutural e o psicopathológico. Sendo este último a contribuição que demarca, com singularidades, a autoria da pensadora Ana Cláudia Zuanella.

Que sua leitura seja pródiga em fomentar o desejo da paixão, medida por um não saber em busca de um saber, que traga consigo as designações incandescentes da transitoriedade. Diante desses saberes, com seu poder de metamorfose, registro a título de encerramento e agradecimento, por compartilhar desse espaço de

5 Masoquismo destino das pulsões: origem do sujeito. In *Pulsão de morte: a inegável existência do mal*. CEPdePA, 2021.

produção de ideias, por meio da palavra escrita, um recorte do pensar de Ana Cláudia:

> *Ela é patológica por natureza. Porém, como no sonho, devemos acordar para não entrarmos num estado psicótico permanente. Aí está a saída para a patologia da paixão, dar outro destino que não aquele para o qual ela parece fadada.*

Introdução

Quem nunca se apaixonou que atire a primeira pedra. Nenhuma paixão passará incólume, deixando suas marcas, mais ou menos profundas conforme o destino que siga. Não existe uma forma única de paixão, assim como não existe uma forma única de viver. Mas isso nos impedirá de construirmos uma ideia do que especifica a paixão do ponto de vista psicanalítico? Este livro é a resposta de que não.

O interesse por escrever sobre a paixão amorosa surgiu a partir de uma constatação de ordem clínica, quando, ao longo dos anos, ficou clara a recorrência de assuntos ligados ao tema, bem como sua relevância para a compreensão do modo de funcionamento psíquico de cada paciente.

A dor de amor, ou de desamor, além de ser um frequente motivo de busca por ajuda psicanalítica, surge como temática expressiva no decorrer do tratamento. Por esse motivo, acredito que abordar o conceito e o mecanismo da paixão nos leva a aprofundar um assunto de grande interesse que nunca perde sua atualidade e relevância no trabalho analítico. Compreender a forma como o sujeito lida com sua vida afetiva é uma importante ferramenta para acessar a dinâmica psíquica do sujeito, colaborando com nossa escuta clínica.

Um segundo motivo surgiu em decorrência de um convite em 2008 para apresentar um trabalho sobre *Formas patológicas de amar*. À época foi difícil encontrar publicações psicanalíticas a respeito, inclusive tal fato era mencionado por vários autores (Green, 1988a; Paz, 2001; Person, 2007; Escribens, 2007; Kernberg, 1995). Imaginei, então, que seria interessante agregar mais pesquisa teórica ao tema, englobando o amor, mas me detendo à paixão.[1]

Mais recentemente o assunto ganhou maior visibilidade graças a autores como Paim Filho & Terra Machado (2021), Patrício de Almeida (2022), Dunker (2017), Kuss (2015), Suy (2022), Roudinesco (2019), Manduca e Ferreira (2023).

Espero poder trazer uma visão que colabore com as ideias mais recentes e ajude nas construções que cada leitor fizer a respeito desse tão atraente assunto.

Gostaria de dividir com vocês o que direcionou meu processo de escrita. Realizei uma gama de leituras de fundamentação psicanalítica, utilizando-me principalmente da metapsicologia freudiana. Foram estudados os aspectos topográficos, dinâmicos e econômicos dos fenômenos intrapsíquicos envolvidos no apaixonar-se.

---

1 Ao serem pesquisadas duas bibliotecas eletrônicas, Scielo – Scientific Eletronic Library Online com periódicos nacionais, e Lilacs – índice de Literatura Científica e Técnica da América Latina e Caribe, deparava-se com os seguintes dados até 2015: sobre o tema da paixão e alguma relação com a psicanálise foram encontrados quatro artigos nos últimos dez anos no Scielo; já no Lilacs, encontravam-se 22 artigos (inclusive os quatro do Scielo), no entanto, esses 22 artigos foram escritos em um período bem mais extenso, de 28 anos, e considerando-se toda América Latina e o Caribe. Sobre o tema do amor, no Scielo havia três artigos na área psicanalítica que tratavam do assunto como tema central nos últimos dez anos; no Lilacs chegou-se a 39 artigos em um período de 33 anos. Encontramos apenas um artigo que relacionasse a paixão às Instâncias Ideais, de Ana Lila Lejarraga, intitulado *Freud e Winnicott: do apaixonamento à capacidade de amar*, publicado na revista Pulsional, ano XV, n. 164, dez./2002 - ano XVI, n. 165, jan./2003 (pp. 42-49).

Diz Green (1988b, p. 18) que a "metapsicologia só serve para pensar. E sempre retroativamente, não na poltrona analítica, mas naquela na qual o analista senta frente a uma folha branca que estimula ou inibe seu intelecto." Espero que as observações da prática analítica que despertaram o interesse por esse tema possam ter sido pensadas nesse *a posteriori* quando a metapsicologia funcionou como instrumento para lhes dar um sentido e permitir que folhas brancas agissem como "estímulo ao intelecto" na busca de respostas.

Que a metapsicologia seja a semente lançada em um solo que se torne fecundo, possibilitando a criatividade e a originalidade. Como escreveu Wittgenstein: "Minha originalidade, caso seja esta a palavra certa, é, acredito, uma originalidade do solo e não da semente. Pode ser que eu não tenha semente alguma que me seja própria. Lance uma semente no meu solo e ela crescerá diferentemente do que sobre qualquer outro solo" (*apud* Caon, 1994, p. 151). A metapsicologia foi dada, é a semente de Freud, espero que o solo onde ela foi plantada a tenha feito germinar.

É importante relembrar que a Psicanálise designa tanto um tratamento, quanto uma forma de pesquisa e um arcabouço conceitual. Neste livro, a psicanálise é utilizada enquanto arcabouço conceitual e fundamentação teórica.

Utilizei vários conceitos *teóricos* psicanalíticos para entender o fenômeno do apaixonamento, realizando uma dupla leitura, tanto sistemática, contextualizante, quanto desconstrutiva, que "explora as tensões, as trilhas perdidas, as pequenas aberturas do texto que a leitura clássica tende a fechar" (Caputo, *apud* Figueiredo, 1999, p. 20). É um tipo de leitura transgressora, que muito me agrada, posto que ela se move nas direções abertas dos textos, convocando-nos a discutir com ele, instabilizar-nos até encontrar respostas que nos apaziguem diante das intermináveis perguntas que nos levam a pesquisar e escrever, ela dá vida ao texto, aquele que o lê e aquele que o escreve.

Li os textos que me ampararam nesta escrita na busca de respostas a uma série de questões e um questionamento a uma série de crenças, acreditando que devemos trazer o texto para nosso campo e deixar-nos tocar pelas questões que ele nos traz e pelas respostas que ele passa a solicitar.[2] É um movimento em vários sentidos e ao compreendermos e aceitarmos essa variedade de caminhos, sem medo de nos perdermos para sempre, aceitamos que não há respostas dadas, porque elas encerrariam a aventura do viajante que se atira no mundo do conhecimento.

Para mim, como penso que ocorra com todos os autores, é muito importante ter um terceiro para quem se dirige a escrita. Um viajante que ache útil nosso mapa para se localizar antes de partir para outras paragens. Chamo esse terceiro de "outro significativo"; no meu caso, durante a artesania deste livro, foi uma amiga que dialogou incessantemente comigo ouviu e discutiu minhas hipóteses e acolheu minhas frustrações diante da ausência de respostas fáceis. Agora esse outro significativo serão também vocês, realizando algo que todos que pesquisam e escrevem almejam: ver se suas ideias fazem sentido para alguém e se estimulam a vontade de saber que existe em nós.

O objetivo deste livro não é criar uma forma conclusiva ou única de explicar a paixão, mas, sim, abrir questões e caminhos que possibilitem a compreensão reflexiva de alguns componentes na singularidade do apaixonar-se.

Como se dará a sistematização do que pretendo dividir com vocês nesta leitura?

Ela traçará um caminho para abordar a paixão amorosa e alguns de seus destinos patológicos localizados na esfera das neuroses e da

---

2 Essas ideias são desenvolvidas por Gadamer (*apud* Lawn, 2007). Apesar de usarmos a metapsicologia freudiana, a *forma* de leitura dos textos teve premissas semelhantes às desenvolvidas por Gadamer, esclarecendo que não estamos fazendo uma associação entre a hermenêutica gadameriana e a interpretação psicanalítica criada por Freud. Uma se refere ao Inconsciente, a outra ao texto escrito pelos autores pesquisados.

perversão. Não são os únicos caminhos que a patologia pode percorrer na paixão, são os que achei mais interessantes pensarmos sobre, tendo em vista a dinâmica psíquica do apaixonar-se que este livro aponta. Essa paixão pode ser recíproca ou não, o que nos interessa é a dinâmica do apaixonar-se. Veremos se há algo que lhe seja peculiar dentro do aparato teórico psicanalítico, para então adentrarmos nos desdobramentos patológicos que a paixão pode acarretar.

Assim como exposto por Freud, acreditamos que pesquisar o aspecto patológico de determinado fenômeno nos permite entender sua dinâmica também nos estados ditos normais. A patologia se apresenta, nesses casos, como uma lente de aumento, amplificando os mecanismos igualmente envolvidos no funcionamento "normal" do sujeito.

Não se pretende afirmar que todos os destinos da paixão sejam marcadamente patológicos, mas sim que, por meio do estudo do seu aspecto patológico, é possível entendê-la em maior profundidade e amplitude.

Quando Freud (1914/1974d, p. 101) afirma que "devemos começar a amar a fim de não adoecermos, e estamos destinados a cair doentes se, em consequência de frustrações, formos incapazes de amar", e que amar é uma das formas, juntamente com o trabalhar, de manter a saúde mental, questiona-se que lugar a paixão ocupa nesse contexto. Paixão é amor?

Em *Grande Sertão: Veredas* (1993, p. 23), Guimarães Rosa, na voz de Riobaldo, declara: "Só se pode viver perto de outro, e conhecer outra pessoa, sem perigo de ódio, se a gente tem amor. Qualquer amor já é um pouquinho de saúde, um descanso na loucura." A paixão ajuda a não enlouquecermos?

Ao que tudo indica, a resposta é negativa. A paixão, sob diversos aspectos, pode se afastar da saúde advinda de amar. Como diz Rocha (2008a, p. 101), os destinos da paixão "tanto podem ser aqueles de uma fase normal, embora ilusória, da experiência amorosa, quanto uma experiência desestruturante da vida psíquica".

A dificuldade já inicia com o fato de toda paixão estar fadada a um fim marcado por uma desilusão. Disso não há como escapar, nossa intenção é explicar por quê. O que o sujeito faz diante dessa frustração falará da sua maturidade psíquica e dos desdobramentos que a paixão pode ter na vida de quem a vivencia.

Para tratarmos desse instigante tema, dividiremos o livro em três capítulos.

O Capítulo 1 traz o conceito de *páthos* do qual é oriunda a palavra paixão, em dois momentos históricos: nos gregos clássicos e nos dias atuais. É, então, apresentada a paixão no campo amoroso, diferenciando-a do conceito de amor. Após essas reflexões, apresentaremos três destinos para o sentimento de apaixonamento, cujo último mais nos interessará.

No Capítulo 2, o texto avança para o contexto mais psicanalítico. Partindo da afirmativa freudiana de que, no amor (*Verliebtheit*), o objeto é colocado no lugar do ideal do ego,[3] pesquisamos o termo *Verliebtheit* e a distinção entre as instâncias ideais que, ao nosso ver, responde em grande medida pelas peculiaridades do apaixonamento.

Essas peculiaridades são trabalhadas no Capítulo 3, no qual se veem o que chamamos de "os destinos patológicos da paixão", aqueles em que a particularidade da paixão encontra seu destino no adoecimento, marcado pelo sofrimento. Discorreremos sobre o narcisismo patológico, a melancolia, a negação da alteridade, a alienação e o fetiche.

Seguindo a convicção que não há verdades ou respostas derradeiras, compactuamos com Iribarry (2003) na assertiva sobre a escrita:

3 À época da escrita deste texto ainda não havia o uso corrente do termo Eu no lugar de Ego; mantivemos o uso feito pelos autores citados.

> *O ensaio é como a vida: sempre inconclusivo para o seu autor, pois no dia de sua morte, apenas os que ficarem poderão falar do que restou, enquanto o autor jamais poderá extrair uma aprendizagem desta vivência radical e derradeira. Enquanto se vive, se pode ensaiar. (p. 132)*

Enquanto vivemos, que possamos ensaiar. Convido-os a ensaiarem comigo.

1. O *páthos* da paixão

A paixão inquieta desde sempre. Na Grécia clássica, os filósofos já se ocupavam de entender esse sentimento paradoxal, que podia ser ora sofrido, ora prazeroso, mas sempre enigmático.

Conceituar a paixão é um eterno aproximar-se sem chegar a uma resposta definitiva. Mesmo assim, o tema continua a provocar estudos, discussões, especulações e novas tentativas. Apesar de saber que não teremos definições conclusivas, acreditamos que muitas questões não são postas para serem simplesmente respondidas, mas principalmente para servirem de estímulo e companhia na constante busca do saber.

Os gregos clássicos se dedicaram à compreensão do *páthos*, palavra da qual deriva *paixão*, trazendo importantes contribuições. Se todo conhecimento ocidental se origina da Grécia, teremos ali nosso ponto de partida. Para estudar a paixão mais profundamente, vamos delimitá-la à esfera do enamorar-se, detendo-nos à visão psicanalítica disso, circunscrevendo, assim, nosso campo de interesse escolhendo um tipo especial de paixão: a *paixão amorosa*.

A paixão e os gregos

A palavra paixão tem sua raiz no latim *passio*, o qual, por sua vez, deriva dos temos gregos *paskein* e *páthos*. *Passio* (de *passio* – onis) vem do particípio passado de *pati* – "sofrer". O termo grego *páthos* está relacionado ao verbo *páthein* que significa ser *afetado*, *padecer*, *sofrer*, *suportar*.

Etimologicamente, o *páthos* tem o sentido de ser afetado por algo da ordem do excesso e da desmedida, da *hybris*, como descreve Green (1988d, p. 220): "Loucura e paixão, dois tributários do mesmo rio, cuja fonte é 'hubris'".

A cultura clássica atribuía grande relevância à questão do *páthos*, uma vez que as paixões da alma estavam implicadas no bem-estar pessoal e coletivo, nas escolhas do modo de vida e nas próprias condições de busca da verdade. *Páthos* dizia respeito a uma forma de ser e se posicionar.

"As paixões são experiências verdadeiramente *páthicas*, visto que são *sofridas*, nas quais o sujeito *se deixa levar por, se deixa convocar por*" (Martins, 2000, p. 72). Situação na qual prevalece o sofrimento em detrimento do prazer. No nosso entender, essa dinâmica colabora grandemente para o aspecto patológico da paixão, esse aprisionamento no sofrimento.

Ferreira Neto (2004), discorrendo sobre o terceiro livro da *História da Sexualidade de Foucault – O Uso dos Prazeres* (1983), lembra que os gregos utilizavam o conceito de *páthos* aplicando tanto às paixões quanto à doença física. Essa conexão também é observada por Fédida (1992, 2000), Ceccarelli (2005), Pereira (2004) e Berlinck (1998, 2002).

Ceccarelli (2005, p. 471) refere que "*Médico* é aquele –, diz Platão no *Banquete* – que está sempre atento ao *páthos*, às paixões, pois as doenças apresentam-se como um excesso de paixões".

No entender de Pereira (2004), a psicopatologia é uma disciplina que se debruça sobre o sofrimento humano, enquanto é intimamente vinculado às paixões humanas. O autor cita Fédida (1992) quando aborda o *pathei mathos*, exposto por Ésquilo, ao reportar-se à aprendizagem que pode advir do sofrimento para, então, estabelecer o protótipo de uma tradição trágica na concepção do psicopatológico.

Por sua vez, Berlinck (2002, p. 10) escreve que Platão nos lembra que o médico está sempre lidando com o amor, "porque as doenças físicas, em sua evolução, se apresentam como *páthos*, paixão amorosa".

Berlinck (1998) observa que além de sofrimento, *páthos* também tem como derivados as palavras paixão e passividade. A psicopatologia fundamental debruça-se sobre o sujeito trágico que é constituído com o *páthos*, não sendo senhor de suas ações. Quando *páthos* acontece, algo da ordem do excesso, da desmesura, *da hybris* se põe em marcha sem que o sujeito possa se assenhorar desse acontecimento.

Aristóteles, na *Retórica* (2017, *apud* Lebrun, 1987, p. 19), assim define a paixão: "tudo o que faz variar os juízos e de que se seguem sofrimento e prazer". Apesar de fazer variar os juízos, ele afirmava que o homem não poderia ser julgado como bom ou mau por suas paixões. Uma vez que ele não as escolheu, não seria responsável por elas, mas apenas pela maneira como agiria diante delas.

Platão apresentava uma visão mais categórica acerca do *páthos*, a qual foi retomada tanto pelos estoicos quanto por Kant (Lebrun, 1987). "Para Platão, o homem está preso à armadilha de suas paixões na Caverna das suas ilusões" (Meyer, 1994, p. 17). Ela não é refletida por aqueles que caem na sua armadilha, pois, caso eles tomassem consciência dela, deixariam de ser suas vítimas. No platonismo, paixão e razão não podem coexistir.

Ele tratava a paixão de forma rigorosa, para a qual não havia muita saída, já que, no seu entender, ela era tanto um problema quanto o empecilho para a solução desse problema. Em virtude da cegueira que suscitava, a paixão impediria a percepção de que sequer houvesse qualquer problema a ser resolvido.

A solução apresentada pelos estoicos seria erradicar as paixões. Eles discordavam de Aristóteles de que pudesse haver uma "educação" delas. Para eles, e para Kant (Lebrun, 1987), as paixões seriam um obstáculo a ser transposto, uma força que deveria ser vencida, o sintoma de uma fraqueza da alma. Consequentemente, o apaixonado seria um desvairado que deu as costas à razão. Extirpar as paixões era o objetivo da profilaxia estoica.

Não se tratava mais de controlar as paixões, já que isso era impossível. Para os estoicos, paixão era sempre o resultado de uma doença, e não uma reação inevitável a uma emoção. Para eles: "toda paixão desde o seu despertar já infringe a lei que me constitui como ser razoável, todas as paixões, na sua origem, já me conduzem 'para fora de mim mesmo'" (Lebrun, 1987, p. 25).

Pelo olhar dos estoicos, podemos pensar no caráter de passividade do *páthos* para os gregos. Os estoicos afirmavam que a passividade acontecia em virtude da desarmonia entre a alma e a razão, sendo esta última a instância que, por natureza, deveria estar no domínio, mas fora alterada pela paixão. Era esse desvio em relação à natureza racional do homem que explicaria o caráter excessivamente passivo do *páthos*.

Quanto à questão da passividade, podemos fazer aqui um primeiro contato com a psicanálise. No apaixonamento, o sujeito sofre passivamente uma ação, porém a ênfase dessa passividade recai no fato de essa ação ser inconsciente, não se sujeitando ao uso da razão, característica de um outro registro, o consciente. Por esse motivo, as paixões falam tanto do sujeito; elas são um reflexo de sua história pessoal, da determinação inconsciente que, exatamente por isso, deixa o sujeito submetido a ela, sem poder fazer uso da razão.

Páthos e os tempos atuais

Hegel, na *Estética* (2015), esforça-se por distinguir o que os gregos entendiam por *páthos* e os modernos entendem por *paixão*. Sua opinião é de que a palavra *páthos* seria de difícil tradução e o uso do termo *paixão* não seria a melhor escolha, já que a paixão implica uma noção de algo de menor valor – como no sentido dado ao dizermos que "um homem não deve sucumbir às paixões" – e esse não era o significado para os gregos. Na Grécia antiga, *páthos* era visto em um plano mais elevado, sem qualquer nuance de censura ou egoísmo, diferentemente do que era a paixão.

Hegel enfatiza o elemento interno, *pulsional*, e irracional da *paixão* em contrapartida ao sentido racional de *páthos*. Para ele, o *páthos* é "um conteúdo racional essencial presente no 'eu' humano". Na Grécia clássica, essa racionalidade não estava presente na noção da paixão aristotélica e, menos ainda, na definição de Platão.

Diferentemente de Hegel, pensamos que a paixão tem também essa conotação de mola propulsora a grandes realizações e é essencial ao "eu humano", como se refere o filósofo alemão ao falar do *páthos*. No entanto, nela não prevalece a racionalidade que o termo grego indica segundo Hegel. Paixão traz consigo o sentido dado desde os gregos clássicos à *hybris*: ela é excesso e transborda o sujeito; desse transbordamento pode advir a criação ou suscitar a patologia.

Seguindo essa trilha, Martins (2000) defende *páthos* como parte da base do que é próprio do humano. O autor pontua que existem várias perspectivas contidas no conceito de *páthos* que trazem consigo possibilidades e problemas mais amplos que o sentido de doença, à medida que remete a uma dimensão essencial humana.

Quando *páthos* acontece, "algo da ordem do inusitado, do excesso, da desmesura se põe em marcha sem que o sujeito possa se assenhorar desse acontecimento" (Berlink, 2002, p. 8). A paixão é algo que invade a pessoa, tomando-a de surpresa, sem deixar chance de uma apropriação do que ocorreu. Ao não se integrar esse evento, ele excede o sujeito e o apassiva, não o deixa mais senhor de si, mas um mero espectador sem vontade própria.

Queiroz (1999), reportando-se a Meyer (1990), traz a definição de *páthos* como afecção, que significa tanto a qualidade do ser humano de poder sofrer alteração, quanto o deslocamento do homem do lugar de agente para o de sujeito. O *páthos* leva a um assujeitamento do ser.

Todos sentirão paixão em algum momento, entretanto, cada um se apaixona à sua maneira, como posto por Meyer (1994, p. 9), "a paixão é o que de mais individual há no indivíduo; ela cristaliza os conflitos do homem consigo mesmo e, desse modo, também com os outros".

Ancorando-nos nas ideias de Lebrun (1987), dizemos que há dois conceitos distintos para *páthos*: o *passional*, que se relaciona com a forma de ser, de se posicionar moralmente no mundo; e o *patológico*, que remete ao diagnóstico médico. Nesses termos, podemos começar a nos questionar se a paixão é apenas *passional*, inerente à condição humana ou se traz sempre algo de *patológico*, doentio, consigo.

A distinção entre o *páthico* e o *patológico* também interessa à Minkowski (1999). Ele fala da construção de uma identidade enquanto intermediada pelo *páthos*. Diz que o sofrimento é do domínio do *páthos* humano e nele o homem se reconhece enquanto parte da humanidade. O autor acrescenta que, a partir do sofrimento, abre-se para nós o aspecto *páthico* – e não patológico – da existência. Esse aspecto *páthico* atravessa toda nossa vida, imprimindo sua marca; ele a torna humana. Como bem salienta o autor, "pode-se atravessar a vida sem jamais ter-se estado doente. Não se pode atravessá-la sem sofrer" (Minkowski, 1999, p. 157).

Quanto à conexão entre *páthos* e sofrimento, Bento (2006) pontua que do *páthos-paixão* genérico derivou o *Patho* específico, sinônimo de doença, significando um sofrimento particular. Nesse caso, *paixão*, em sentido amplo, como "fato de sofrer passivamente uma ação", transforma-se em "fato de sofrer passivamente uma ação prejudicial, *dolorosa*" (Bento, 2006, p. 186, grifo nosso). O aspecto de simples passividade embutido na palavra *páthos* passou a ter o significado de uma passividade que causa dor; tornou-se o caso de ser vítima de uma ação sofrida, dolorida.

Esse autor compara a paixão à toxicomania, iniciando sua discussão com a explicação etimológica da palavra tóxico, a qual vem de *toxicum*, veneno usado nas flechas dos citas – um povo bárbaro – para paralisar o inimigo. Essa comparação nos remete a outra, de ordem mais prosaica, que nos leva a traçar um paralelo com a flecha lançada por Cupido àqueles que passam a ser intoxicados pelos seus efeitos que paralisam a razão.

Mesmo que Bento (2006) não fale de Cupido, ele faz referência a um tipo de paixão-sofrimento mais contundente ao sublinhar a passagem do sentido de paixão da antiguidade grega para o período cristão, pontuando que, do original dos gregos para o latim, ficará apenas o sentido de sofrimento *prejudicial*. Esse é o contexto da palavra "paixão" na expressão "paixão de Cristo".

O veneno dos citas, a flecha de Cupido, o sofrimento de Cristo, são todas circunstâncias, reais ou fictícias, de um mal para o qual não se pode impedir o efeito, está-se sujeito a ele. No entanto, isso não significa que paixão seja sempre maléfica. "Razão sem paixão não é mais do que a ruína da alma", diz Meyer (1994, p. 10).

Páthos significa não só sofrimento, pontua Queiroz (1999, p. 81), "mas também a experiência que se adquire na dor e que se refere a essa condição fundamental do homem como ser mortal".

É possível tirar proveito de *páthos* à medida que ele não é apenas considerado estado transitório, mas algo que alarga ou enriquece o pensamento, sendo, então, transformado em experiência. Na tradição grega da tragédia, *páthos* transforma-se em patologia, no sentido de haver um discurso (*logos*) sobre o sofrimento, as paixões, a passividade (Berlink, 2002).

Podemos pensar em uma comparação entre a paixão e o sentido do *Phármakon* platônico descrito por Derrida (1968/1997) em *A farmácia de Platão*, em que o segundo é "simultaneamente, e paradoxalmente, veneno e remédio, droga maléfica e benéfica, filtro de esquecimento e possibilidade de salvação pelo acesso ao lógos" (*apud* Bento, 2006, p. 191). Dependendo de seu uso e de sua intensidade, ela será cura ou doença.

> *Páthos não pode ensinar nada, pelo contrário, conduz à morte se não for ouvido por aquele que está de fora, por aquele que, na condição de espectador se inclina sobre o paciente e escuta essa voz única se dispondo a ter, assim, junto com o paciente, uma experiência pertencente aos dois. (Berlink, 2002, p. 10)*

Acreditamos que ter uma relação a dois, com o registro da existência do outro, é essencial para um destino benéfico do estado de paixão.

No nosso entender, nem sempre essa intersubjetividade é registrada. Certamente o outro nos impacta e reagimos a esse desequilíbrio causado pela percepção do diferente. Porém, esse impacto pode ter como resultado a negação desse outro, fato que pode acontecer na paixão.

Nosso interesse no momento é apresentar visões de autores atuais que nos permitam manter ou não a aproximação do *páthos* da paixão com a passividade, o sofrimento, a patologia. Vimos que esses três elementos continuam permeando o *páthos* e também a paixão. No entanto, ainda não conseguimos derivar algo que seja uniforme na paixão, que a caracterize.

Que somos levados por paixões não se discute, bem como o fato delas serem próprias aos seres humanos. Saber disso é fundamental para compreender o homem em sua tragicidade, porém, não diz muito sobre a *paixão* em si. Para entender mais a seu respeito, precisamos saber o que é característico dela, o que lhe é particular e *sui generis* e como ela funciona dentro de sua especificidade. Assim, almejando aprofundar a paixão, vamos nos limitar a um tipo especial desta, como abordado na introdução deste livro: a *paixão amorosa*.

A paixão amorosa

Não há por que duvidar que os sentimentos de amor e de paixão tenham sempre existido, no entanto, uma referência escrita sobre o amor-paixão só apareceu no Ocidente no século XII, com os poemas dos trovadores. Ele surgiu como uma das repercussões do cristianismo e da doutrina cristã sobre o casamento, visando a "educar" as almas nas quais vivia ainda o paganismo (Rougemont, 1956).

Na Idade Média, a religião católica precisava controlar as demais crenças, muitas delas envolvendo uma maneira liberal de vivenciar a sexualidade. Ao impor o casamento e restringir o sexo a esse sacramento, a Igreja visou dominar o aspecto pagão dos demais credos. Em oposição a esse controle surgiu o amor cortês como uma forma disfarçada de vivenciar o adultério. Esse amor "teve por função social ordenar e purificar as forças anárquicas da paixão" (Rougemont, 1956, p. 216).

Outra explicação para o surgimento do amor cortês permanece na esfera religiosa. Diz respeito ao maniqueísmo, movimento instalado pelo profeta Manes, do qual se originou uma das mais poderosas entre as primeiras religiões.[1] Na Europa, foi chamado de catarismo,

1 Uma das teses do maniqueísmo era que o mundo se constituía de bem e mal absolutos, sendo o espírito bom, mas o mundo físico mau (Lins, 2007).

pois seus seguidores se autodenominavam cátaros, significando "puros". Por imposição da Igreja católica, o catarismo foi impedido de ser praticado e reapareceu sob a forma da poesia, rituais e cultos do amor cortês (Lins, 2007).

Uma poesia inteiramente nova nasceu no sul da França, a pátria do catarismo. Nessa poesia, havia a celebração da Dama dos pensamentos, a ideia platônica do princípio feminino, o culto do amor contra o casamento e a castidade. Acredita-se que os primeiros cavaleiros e damas que vivenciaram o amor cortês eram cátaros, dando prosseguimento às suas práticas religiosas sob o disfarce de um culto leigo do amor.

Rougemont (1956) nos recorda que o século XII foi a época dos trovadores, representantes por excelência do amor cortês. Eles eram poetas que cantavam versos de amores inacessíveis e infelizes. O que caracterizava esses trovadores era um amor impossível de um vassalo por uma dama comprometida, fadado a não concretização. Era um amor restrito às cortes senhoriais – daí provavelmente seu nome – em oposição ao amor praticado nas vilas.

Esse amor dos tempos medievais, iniciado com a nobreza em Provença, foi a primeira manifestação de amor como o conhecemos hoje, no formato de uma relação pessoal. Até então, o que havia era o desejo sexual e a busca de satisfação muito diferente do apaixonar-se (Lins, 2007).

O ideal do amor romântico surgiu na literatura com o mito de Tristão e Isolda, relembra Lins (2007), a primeira história a lidar com o amor romântico e também considerada a maior história de amor do mundo, dando origem a toda a literatura romântica, desde Romeu e Julieta até as estórias de amor atuais.

O amor cortês era um amor platônico, não tinha por fim o prazer carnal nem a reprodução, mas o sentimento elevado exaltado em versos e prosa (Paz, 2001). Os trovadores viviam e propagavam um amor que a Igreja católica via como heresia,[2] já que fora do casamento. Esse amor do início dos tempos não deixa de trazer a marca de um primeiro amor impossível e interditado que faz parte do início da história de cada um de nós.

O amor-paixão das cortes tinha impresso o caráter *páthico*, de sofrimento. Ao que Rougemont (1956, p. 13) acrescenta:

> *O amor feliz não tem história. Só existem romances de amor mortal, isto é, do amor ameaçado e condenado pela própria vida. O que exalta o lirismo ocidental não é o prazer dos sentidos nem a paz fecunda do casal. É menos o amor realizado que a paixão de amor. E paixão significa sofrimento. Eis o facto fundamental.*

Mesmo sendo sofrido, é um sentimento exaltado e admirado, o que lhe dá um caráter paradoxal. Rougemont (1956) chama nossa atenção para o fato de a paixão ser vista como um ideal sonhado, como uma catástrofe que se deseja, e não como uma doença que se teme. A paixão seria, portanto, um sofrimento que se deseja. Há de se pensar se não estaria aí um indício da patologia na paixão.

É importante lembrar qual papel os próprios apaixonados dão ao seu sofrimento. Algumas pessoas parecem reconhecer melhor sua paixão à medida que esta lhes atormenta mais. Para elas, a paixão é proporcional à dor. Esse aspecto é muito bem destacado por Aulagnier (1985) ao afirmar que, na paixão, prevalece rapidamente o sofrimento, seja pela rejeição do objeto, seja por um medo dessa rejeição. Prevalece o *páthos*. "Não se trata mais de um 'eu gozo, portanto eu amo', mas de um 'eu sofro, portanto eu amo'. Através deste sofrimento o Eu se demonstra o quanto é verdadeiro, indiscutível a necessidade

---

2 Os heréticos foram uma seita grandemente perseguida pela Igreja católica nesse mesmo período.

deste prazer" (Aulagnier, 1985, p. 155). Assim como no sentido originário debatido pelos gregos, o conceito de paixão permanece atrelado ao sofrer, padecer.

Uma compreensão ligeiramente além foi feita por Stendhal (1822/1957). Foi esse autor quem "consumou a constituição da paixão como amor-paixão" (Ribeiro, 1987, p. 417). A partir dele, surgiu um outro sentido de paixão: não tanto o que é afecção da alma, mas o que é genuíno, autêntico e verdadeiro em nós; ou seja, ela não será mais o que vem de fora, mas o que de dentro de nós se revela. Algo semelhante ao que Minkowski (1999) pontuou a respeito do *páthos*/sofrimento. Não há uma afecção da alma, mas uma afecção *na* alma.

Stendhal (1822/1957) tem uma interessante descrição do que se passaria no nascer da paixão, fenômeno que ele denomina *cristalização*:

> *Observe-se o trabalho mental de um amoroso durante vinte e quatro horas, e eis o resultado:*
>
> *Nas minas de sal-gema de Salzbourg, atira-se, nas profundidades abandonadas, um ramo de árvore desfolhado pelo inverno; dois ou três meses depois, retiram-no coberto de cristais brilhantes. Os ramos menores, que não são mais grossos que a perna de um melharuco, estão guarnecidos de uma infinidade de diamantes, móveis e deslumbrantes; impossível reconhecer o ramo primitivo. O que chamo cristalização, é a operação do espírito que, a cada circunstância, descobre no objeto amado novas perfeições. (Stendhal, 1822/1957, p. 36)*

Pode-se ver muito da idealização nesse processo, especialmente quando pensamos no objeto como algo sem brilho próprio e sobre o qual se acrescenta um atrativo especial. Não era intenção de Stendhal discorrer sobre o processo psíquico que levaria a esse fenômeno, até porque tal acesso ao inconsciente ainda não existia. No entanto, com seu objetivo catártico (Lousada, 1957), Stendhal, na verdade, descreveu intuitivamente o mecanismo básico da projeção de perfeição em outrem.

A distinção entre paixão e amor

Como pudemos ver, o amor e a paixão caminham juntos, um especifica o sentido do outro e muitas vezes se confundem. No entanto, não são idênticos.

Alberoni (1988, p. 32) é um dos pensadores que nos chama a atenção para isso: "É possível amar duas pessoas ao mesmo tempo? Sem dúvida. Amar uma e enamorar-se[3] de outra? Sem dúvida. Estar enamorado de duas? Não. . . . Não é possível enamorar-se de dois".

Barthes (1991, p. 119) também enfatiza essa diferença: "Então Zoé pode ao mesmo tempo 'amar' e 'estar apaixonada'? Esses dois projetos não são considerados diferentes, um nobre e outro mórbido?".

A paixão é arrebatadora, um raio, como dizem os franceses,[4] fulminante na vida de quem atinge. Talvez daí seu efeito mórbido. Ela é exigente no quesito exclusividade e dedicação. Birman (1993) fala da ambiguidade entre a paixão e o amor, considerando-os dois polos excludentes na relação do sujeito com o outro.

Sendo egoísta, o apaixonar-se não permite investimentos outros que não o objeto escolhido. Como diz Alberoni (1988, p. 29), é tudo ou nada.

3 Alberoni utiliza o termo enamoramento, no entanto, apenas uma vez ele emprega a palavra paixão. No resto de sua obra, ele fala em enamoramento num sentido que nos parece o de paixão.

4 *Coup de foudre*.

> *É como se conseguíssemos a cada dia tudo aquilo que na vida cotidiana é impensável: um reino, o poder, a felicidade, a glória... A polaridade da vida cotidiana está entre a tranquilidade e o desassossego; a do enamoramento, entre o êxtase e o tormento. A vida cotidiana é um eterno purgatório. No enamoramento só existe o paraíso ou o inferno – estamos salvos ou condenados.*

Concordamos com Aulagnier (1985) ao afirmar que o amor permite diversificar e preservar certo número de destinatários de suas demandas de prazer, embora não sexuais. A paixão transforma o objeto de prazer em objeto de necessidade, cuja satisfação é vital, impedindo o sujeito de qualquer possibilidade de escolha.

Estar com o objeto de paixão é o êxtase, estar sem ele é o insuportável. Para um apaixonado, há sempre a tensão da separação. "Na paixão nasce uma força terrível que nos leva à fusão e nos torna insubstituíveis, únicos um para o outro. O ente amado se converte naquele que não pode ser senão ele" (Alberoni, 1988, p. 10). Eis o exemplo do diálogo fictício de um apaixonado: "'Posso ir com você?'. Minha pergunta é uma prova. Se ela responder que não, quer dizer que me afasta para onde eu não possa existir" (Alberoni, 1988, p. 61).

A paixão é um estado intenso, porém transitório. Até existem pessoas que vivem apaixonadas, no entanto, o que perdura é o sentimento, não os objetos, estes são cambiáveis. O amor é mais estável, não há o fogo da paixão, talvez por isso não entre em autocombustão. O amor está mais ligado à realidade; a paixão, à fantasia. Talvez fosse esta a Caverna das Ilusões a qual Platão se referia ao falar da paixão (Meyer, 1994).

Em *Elogio ao amor*, o filósofo francês Alain Bandiou frisa que o amor trata de uma separação que pode ser percebida na simples diferença entre duas pessoas, com suas subjetividades infinitas; "todo amor propõe uma nova experiência de verdade sobre o que é ser dois, e não um" (Bandiou & Truong, 2013, p. 27).

A aceitação da separação não existe na paixão, ela é da ordem do Um, é necessário o apaixonado se sentir fusionado ao objeto para ter uma ilusória sensação de completude. Na medida em que ele projeta seu ideal no outro, esse outro torna-se essencial. Barthes (1991, p. 35) nos ajuda a entender a questão nesse pequeno fragmento do discurso de um apaixonado: "me projetei no outro com tal força que, quando ele me falta, não posso me retornar, me recuperar: estou perdido para sempre".

A consideração das diferenças, o reconhecimento do outro, de um e outro, em vez de apenas um, diz respeito a uma relação que não a paixão. Fala do amor. O amor é um sentimento mais maduro e ponderado.

Lejarraga (1998) nos ajuda com sua distinção de duas teorizações freudianas do amor: uma concepção narcísica e outra sob o domínio de Eros. A primeira, concebida à época da primeira tópica, diz respeito à escolha de um objeto amoroso único e insubstituível; já na segunda tópica, sob a égide da pulsão de vida, Freud inclui tanto o amor entre pais e filhos, como a amizade e laços afetivos em geral. O amor narcísico, com características de exclusividade, seria o relativo à paixão, pontua a autora. O outro, relativo a Eros, apresenta substituições e alteridade.

No amor, sob regime do ideal do eu, haveria um investimento privilegiado no objeto de amor, o que significa que o objeto ocupa um lugar especial como fonte de prazer. Mas esse privilégio permite outros investimentos, como pontuou Aulagnier (1985), não implicando uma concentração desejante no amado. O amor aponta para o conhecimento do outro, percebendo sua existência como sujeito autônomo, enquanto, na paixão, o outro é só imagem especular. O amor atenua a aspiração narcísica, aceitando sua impossibilidade radical e criando outras fontes de prazer (Lejarraga, 2003).

Lejarraga (2003) diferencia o amor da paixão sendo o primeiro longamente construído. Inicia-se a desidealização do objeto amado porque esse objeto não é mais promessa de uma felicidade plena. O fascínio perde intensidade porque o objeto perdeu o brilho de representar o ideal sem falhas, mostrando seus limites como garantia de plenitude. O amor é concebido, assim, como contrapartida do modelo do apaixonamento, como uma forma abrandada de aspiração narcísica. O amor pressupõe a mediação e o recalque, a atenuação de um prazer absoluto e mortífero.

Vejamos o que mais a psicanálise trouxe de novo à compreensão do apaixonamento.

A paixão e a psicanálise

Verliebtheit é o termo em alemão que Freud usa para se referir à paixão amorosa. Rocha (2008a) explica que "ver", enquanto prefixo, indica um desvio ou uma perturbação. Assim, "*Verliebtheit* anuncia uma perturbação no modo de amar. O apaixonado não ama do mesmo modo como normalmente os homens costumam amar. A paixão amorosa é uma forma *sui generis* e toda especial de amor" (Rocha, 2008a, p. 111).

Freud não chegou a estabelecer uma distinção explícita entre amor e paixão. Ele falou algumas vezes sobre o amor, especialmente depois da introdução do conceito do narcisismo (1914/1974d) e em três artigos com o subtítulo de *Contribuições à psicologia do amor* (1910/1974b; 1912/1974c; 1918/2019), porém, nunca privilegiou o estudo desse sentimento. Nas vezes que ele se referia ao amor, era mais para enfatizar seu papel em uma determinada dinâmica do psiquismo – por exemplo: o complexo de Édipo, o narcisismo, o processo identificatório, a idealização – do que para conceituá-lo.

Birman (1993) justifica que a paixão nunca se transformou em conceito básico do saber psicanalítico porque ela é condição mesma de possibilidade da totalidade desse discurso. Segundo o autor, é em torno do ser da paixão que a psicanálise se estrutura como experiência e como saber.

Isto nos faz lembrar o conceito de desmedida e passividade introduzido pelos gregos. A desmedida pulsional, a cota de afeto que extrapola a capacidade psíquica de elaboração acarreta o sofrimento do sujeito, que levado pela angústia, busca a via da palavra no processo analítico como possibilidade de descarga e ressignificação de seus investimentos. Lembramos mais uma vez que o sujeito é também apassivado pelo inconsciente e pelas demandas pulsionais.

Voltando ao conceito de paixão, há um texto que podemos considerar emblemático para a sua compreensão – o capítulo "Estar amando e hipnose" de *Psicologia de grupo e análise do ego* (1921/1974k). Nele, Freud utiliza o termo *amor*[5], mas o equipara a "fascinação" e "servidão", o que nos faz pensar em algo mais próximo à paixão amorosa do que ao amor propriamente dito. Nesse trabalho, ele explica que o objeto de amor é colocado no lugar do ideal do ego do sujeito. O ego "empobreceu-se, entregou-se ao objeto, substituiu o seu constituinte mais importante pelo objeto" (Freud, 1921/1974k, p. 144). Idealização, apagamento das diferenças, ausência de separação, enfim, tentativa de retorno ao estado narcísico primário são os elementos invocados por Freud quando fala da paixão.

Rocha (2008b) explica que o apaixonado projeta sobre o objeto de sua paixão as idealizações narcísicas de sua infância e tem a ilusão de que ele contém tudo o que lhe falta, por isso pode preencher seu vazio, que é constituinte de nossa existência e impossível de ser eliminado. A ilusão da completude narcísica alimenta a paixão.

5 Rocha considera "paixão amorosa" a melhor tradução para o termo alemão empregado por Freud, *Verliebtheit* (comunicação pessoal).

Constatamos como o apaixonamento implica uma participação considerável da libido narcisista que foi depositada no objeto como condição de sua gratificação; para isso, o amor do objeto em relação ao sujeito se torna imprescindível para o narcisismo deste.

Bauman (2004, p. 33) escreve que "no brilho ofuscante da pessoa escolhida, minha própria incandescência encontra seu reflexo resplandecente. Ele aumenta, confirma e endossa a minha glória, levando consigo, aonde quer que vá, notícias e provas dela".

Mais uma vez percebemos o valor narcísico que é depositado na pessoa eleita; ela é um receptáculo de uma perfeição, que só tem chances de se sustentar por meio da ilusão e, também, por meio da "desumanização" do outro, da negação da sua porção subjetiva, para assim, mais ainda, recusar a admitir-lhe a falta. Afinal, ser faltoso é inerente ao humano; desumanizando o outro, essa falta desapareceria.

A tentativa de fusão com o objeto demonstra o quão pouco ele é visto como sujeito, mas primordialmente como um reservatório de ilusões infantis, uma coisa que ele pode carregar para onde e quando for, como se referiu Bauman (2004).

Os apaixonados, contra todas as evidências, sentem-se formando uma só pessoa, apagam-se as diferenças em uma captura narcísica inconsciente. Não só temos a convicção de que o outro pode sanar a nossa falta, como também a de que nós temos aquilo que lhe falta.

O mito do andrógino que Platão (2017) relata na voz de Aristófanes ilustra bem o que se passa no imaginário do apaixonado: a partir do momento que ele encontra "sua outra metade", ele forma um todo indivisível com o objeto, tornando-se uma única pessoa, na qual as separações e diferenças são eliminadas. Evita-se o reconhecimento do hiato entre o eu e o outro que faz com que eu me lembre da minha incompletude e reviva o caminho da frustração diante da insuficiência.

Na concepção de Haddad (2011), quando o amor bate à porta sem avisar e sua presença se impõe prescindindo de definições prévias, está-se diante da paixão, que, para ela, é o auge do sentimento de amor.

Quando Lacan escreve "amar é dar aquilo que não se tem", instaura o amor no campo da falta (Lacan, 1960/1992). Castelo Branco (2014), referindo-se a essa frase de Lacan, acrescenta que o amor transforma aquele que ama em alguém que direciona sua falta ao outro, isto é, o amante projeta, sobre o outro (amado), sua falta. Nota-se que o autor fala em projetar uma *falta*, e não aquela *perfeição* ilusória invocada na paixão.

Castelo Branco (2014, p. 88) prossegue sobre a afirmativa lacaniana refletindo que

> *a relação amorosa transmite uma incompletude que é colmatada pela promessa de união que o próprio amor oferece. Amar é oferecer em exposição à falta que o marca, é dar uma ausência que pede, ou melhor, demanda . . . demanda que é sempre, por definição, demanda de amor.*

É preciso o sujeito reconhecer-se como ser incompleto, castrado, para assim buscar na outra pessoa um ser em si, não algo que funcione como artifício para escamotear a castração, como um depositário de projeções ideais, um substituto do narcisismo perdido da infância. O reconhecimento da castração exige maturidade psíquica, pressupõe ter-se abdicado de satisfações imediatas em prol da realidade.

O amor se relaciona ao objeto e a paixão ao ego, distingue Growald (1997), mesmo que ambos se inscrevam na esfera do prazer. A paixão seria um sentimento quase que regido exclusivamente pelo princípio do prazer, em uma manifestação patológica de intolerância à realidade, ao passo que no amor, ao admitir o objeto, se faria presente o princípio da realidade.

O amor é a vontade de cuidar e de preservar o objeto amado, "amar diz respeito a autossobrevivência através da alteridade" (Bauman, 2004, p. 24). O amor requer reconhecer a *alteridade*, reconhecer que existe um outro cujas imperfeições sobreviverão às frustrações pertinentes a qualquer relação.

"O objeto nasce do ódio" revela Freud (1915/1974f), esse ódio remete ao reconhecimento do sujeito de que ele não é autossuficiente e, portanto, precisa de outros que satisfaçam suas necessidades, e, mais ainda, realizem seus desejos. Amar é reconhecer a falta, a paixão envolve negá-la.

É difícil manter a negação indefinidamente, também o é manter a paixão; "na paixão amorosa, nunca se chega ao lugar sonhado e, quando se pensa que se chega, a experiência termina (Rocha, 2008a, p. 114). Possivelmente por isso Rougemont (1956, p. 249) afirme que "a paixão e o casamento são, por essência, incompatíveis". Ao ser regrada, controlada, *realizada*,[6] a paixão se perde e termina. Ela está mais para "um eterno buscar" do que para "um dia encontrar".

Encontro é de dois, paixão é de um. A paixão fala da infantilidade do ser. Não podemos nos esquecer de que o primeiro objeto de amor-paixão[7] investido pela criança é um objeto perdido, eternamente buscado e para sempre inalcançável. É o amor cortês que todos trazemos em nós enquanto pequeninos trovadores.

Ao apresentarmos a visão de diversos autores, percebemos que eles não deixam clara a distinção entre amor, paixão e outras denominações afins. Aulagnier (1985) utiliza o termo *amor* mesmo quando privilegia o sofrimento; Rougemont (1956) fala em *amor de paixão*, o que deixa dúvida se ele está falando do amor ou da paixão; Alberoni (1988) denomina *enamoramento* ao se referir ao "tudo ou nada", que Rocha (2008a) também aborda, porém, discorrendo sobre a *paixão amorosa*; Haddad (2011) diz que *paixão* é o *amor* que veio sem avisar, usando ambos como sinônimos; já

---

6 Estamos aqui fazendo prevalecer a imposição da realidade, mais que da realização.

7 Amor libidinal, além do amor ternura.

Freud (1921/1974k) usa a palavra *amor*,[8] mas fala de fascinação e servidão, o que aponta na direção da paixão.

No nosso entender, paixão não é o auge do amor, como pretende Haddad (2011); a primeira não é o excesso do segundo, são dinâmicas particulares. Não pensamos que ela seja necessariamente o primeiro passo para o amor, como diz Alberoni (1988) ao se referir ao estado nascente. A paixão, acreditamos, tem um ciclo único que traz em si uma impossibilidade e um fim necessário.

Mesmo que o amor venha após um período de apaixonamento, não significa que ele tenha vindo na progressão da paixão, como se fossem dois extremos de um *continuum*. Amor não é consequência de paixão, ao menos, não no sentido de causa e efeito.

Pode ocorrer de a paixão dar lugar ao amor, mas não acreditamos que isso se dê por uma mudança quantitativa, mas qualitativa, como salienta Aulagnier (1985). Ambos têm características próprias e diferentes. Nesse aspecto, concordamos parcialmente com Alberoni (1988), mudando ligeiramente sua conclusão: quando tudo corre bem, da paixão *nasce* o amor.[9]

Compartilhamos da ideia de cristalização de Stendhal (1822/1957), porém aplicável à paixão, cuja distância do real é maior e o peso da idealização é decisivo. Por isso, endossamos a posição de Bandiou e Truong (2013) que defende que o amor trata das diferenças, é da ordem do dois; como salientou Lacan (1960/1992), é um dar o que não se tem, é dar o reconhecimento da própria falta, é poder aceitar as diferenças e ser capaz de se relacionar de forma psiquicamente amadurecida.

A paixão fala do infantil, ela está atrelada à ilusão do narcisismo primário, como bem explicam Freud (1914/1974d; 1921/1974k) e

8 Ao menos na sua tradução para o português da *Standard Edition*.

9 A frase original é: "Quando tudo corre bem, o enamorar-se termina no amor" (Alberoni, 1988, p. 37).

Rocha (2008b). Por isso, também concordamos com Bauman (2004) ao ressaltar que, no amor, há a alteridade; na paixão, esta é negada, configurando uma característica peculiar a ela.

Não há como fugir do fim da paixão, inclusive, é preciso que ela termine para que a pessoa não fique refém de uma fantasia. É necessário o luto da ilusão narcisicamente investida para, no seu lugar, poder ser colocado um verdadeiro e real objeto, que em alguns casos será nada mais, nada menos, que o antigo objeto sob um novo olhar.

Colocadas as posições de alguns autores, é possível avançar nas questões. Na medida em que a paixão deriva do mesmo radical que patologia, podemos supor que sempre haja algo de doentio na sua essência?[10] Faz sentido falar em paixão patológica ou é mera redundância? Em havendo uma diferença, o que distinguiria a paixão patológica da paixão não patológica?

Patologia em psicanálise

A noção de normalidade é cada vez mais difícil de definir, já dizia Lemaire em 1986, em grande parte por causa dos diferentes conceitos que orientam as investigações em psicopatologia e que trazem constantemente formas inovadoras que favorecem a descoberta de novas perturbações. Antigamente, reflete o psicanalista francês, a psiquiatria tradicional lidava com quadros já definidos, pois se deparava com a evolução terminal da doença mental ou com sua cronicidade. Não havia chance de observar as etapas iniciais da patologia, menos ainda de modificá-las. O autor destaca que o uso de mecanismos psíquicos arcaicos não responde pela patologia do sujeito. O que ele destaca para caracterizar a patologia é a impossibilidade de a pessoa funcionar de outros modos que não apenas aquele mais regredido.

10 Nesse caso, estamos nos detendo especialmente no caráter de *doença* atribuído à palavra *páthos*.

No que diz respeito a esse tema, Bergeret (1988) define que o verdadeiro "sadio" é um sujeito que tem tantos conflitos quanto qualquer outra pessoa, mas não encontrou dificuldades internas ou externas superiores à sua capacidade de defesa ou adaptação; um sujeito cujas pulsões têm flexibilidade, bem como seus processos primários e secundários; que leve em consideração a realidade e possa ter um comportamento aparentemente aberrante em circunstâncias excepcionalmente "anormais".

O autor tem parâmetros amplos, mas percebe-se a ideia de que o conflito é inerente a todos, e que a maneira de lidar com ele caracteriza uma atitude mais saudável ou não. Também nos chama a atenção o caráter de *flexibilidade* pulsional na sua definição, bem como, ou consequentemente, a permutação adequada dos processos psíquicos primários e secundários e, finalmente, o papel da aceitação da realidade.

Bergeret discorre sobre a patologia nas diversas estruturas psíquicas. Entendemos que a paixão não tem uma estrutura psíquica própria, ela tem, isso sim, formas de investimentos e defesas particulares nas quais entra em jogo a capacidade de flexibilidade da pulsão e o intercâmbio de objetos. Tal flexibilidade necessária para o equilíbrio na economia psíquica é o aspecto preponderante no que caracteriza a descompensação para Bergeret (1988, nota de rodapé, p. 42): "A 'descompensação' corresponde, para mim, à ruptura do equilíbrio original que pôde se estabelecer em tal arranjo particular, no seio de uma estrutura estável de base, entre investimentos narcísicos e objetais".

O equilíbrio como característica da normalidade já era destacado desde a antiguidade. Canguilhem (1966/2009) pontua que, na medicina hipocrática, era justamente a perturbação do equilíbrio natural ao homem que caracterizaria a doença. Comte (1828, *apud* Canguilhem, 1966/2009) compactuava com essa noção de Hipócrates. O pai do positivismo afirmava que todas as doenças consistiam, basicamente, "no excesso ou falta de excitação dos diversos tecidos abaixo ou acima do grau que constitui o estado normal" (Canguilhem, 1966/2009, p. 17).

Nota-se um ponto de conexão entre as visões de Comte e aquela adotada por Freud desde o início da psicanálise referente à homeostase psíquica. Sabemos o quanto eles seguiam princípios distintos e percorreram trajetórias diversas, mas não podemos deixar de notar como a vontade de Freud em transformar sua criação em uma ciência da natureza o fez ser influenciado por noções positivistas.

Entretanto, Freud foi se distanciando do positivismo que marcou seus primeiros escritos, ao enfatizar a singularidade de cada um. Mesmo a ideia de homeostase freudiana se refere a uma homeostase única para cada sujeito, sendo impossível qualquer tentativa de padronizar uma mensuração, como proposto pelo saber positivista.

O equilíbrio do aparelho anímico sempre foi um conceito caro a Freud. Mesmo que as forças envolvidas no conflito tenham mudado ao longo de sua teorização, manteve-se a ideia de dualidade pulsional e a necessidade de haver uma constância no aparelho psíquico, já que o aumento de tensão acarretaria o desprazer e, posteriormente, de acordo com sua última tópica, a desfusão da pulsão de morte poderia levar à morte psíquica e mesmo física.

Quanto à noção do que seria necessário para ser considerado psicopatológico, Freud nunca dedicou nenhum artigo específico ao assunto, mas deu indícios do que pensava em alguns trechos de sua obra.

No início, na Comunicação Preliminar (1893/2016), ele define que a patologia se dá quando há um desequilíbrio na economia psíquica, quando uma quota de excitação não é adequadamente descarregada, gerando seu acúmulo. Daí surge o conceito de ab-reação e seu efeito catártico. Atingir a homeostase era a tarefa do aparelho anímico para não incorrer em uma neurose. Não podemos deixar de pensar no sentido de excesso e desmedida da *hybris* para os gregos, na desmedida que leva ao *páthos*.

Em "Três ensaios sobre a teoria da sexualidade" (1905/1974a, p. 156), ao falar das perversões, ele esclarece que a condição geral para as variações do instinto sexual se transformarem em uma "aberração patológica" é que a perversão tenha características de *exclusividade* e *fixação*, e que tenha apenas um único objeto de investimento. Aqui já vemos o acréscimo da fixidez e ausência de maleabilidade ao conceito de patologia.

Em outro momento (Freud, 1917/1974g, p. 419), ele destaca que os sintomas da doença psíquica são "atos, prejudiciais, ou, pelo menos inúteis à vida da pessoa, que por vezes, deles se queixa como sendo indesejados ou causadores de desprazer ou sofrimento".

Podemos dizer que as características enfatizadas por Freud para enfocar a patologia seriam o desequilíbrio do aparelho psíquico, a rigidez, a fixação, o sofrimento.

O pathológico da paixão

Voltamos ao sofrimento da paixão. A paixão é um excesso que nos faz sofrer. Mesmo na paixão correspondida, há o sofrimento, nos breves momentos que sejam, quando os apaixonados se separam. Cada despedida é um tormento a ser adiado, ou, ao menos, driblado da melhor forma possível. A iminência da separação é um temor que acompanha todo sentimento passional.

Gori (2004) pontua que o apaixonado tenta sempre precaver-se de um abandono, que, já tendo ocorrido, inscreveu-se nele. Isso nos faz pensar que se todo encontro com o objeto é na verdade um reencontro, então, todo sentimento pela perda do objeto é, de fato, um ressentimento. Sofre-se pela separação do objeto atual, mas, mais ainda, pelo objeto do passado cujo reencontro é revivido a cada nova relação. Sofre-se, portanto, pela dor original diante do abandono que nunca foi suficientemente elaborado.

O sofrimento da paixão, escreve Gori (2006, p. 126), reclama incessantemente a realização de uma promessa, embora delirante, da "presença absoluta". Para o autor, o apaixonado se desdobra na busca do sentimento de continuidade com o ser amado. A paixão é sofrimento pois coloca o ser em uma procura de um impossível, aquele da "presença absoluta".

Conforme foi visto, o sofrimento, assim como o excesso, são indicativos de patologia desde Hipócrates, passando por Comte e chegando a Freud. Ambos estão presentes na paixão. Ela em si é desmedida, *hybris*. Um estado *pathológico*, se visto dessa perspectiva. No entanto, também pode ser entendida em um outro contexto de *páthos*, aquele que "traz consigo possibilidades e problemas mais amplos que o sentido de doença" (Martins, 2000, p. 66), o *páthos* passional.

Remetendo à distinção feita por Lebrun (1987), a paixão é sempre *passional*, mas nem sempre *patológica*. Passa a ser patológica quando, além de comprometer a plasticidade da pulsão e ser da ordem da desmesura, ela traz um sofrimento do qual o sujeito não consegue se livrar, como pontuou Freud ao definir a patologia. Esse é o caso quando a paixão deixa de trazer prazer para ser primordialmente fonte de desprazer, ou persiste no impedimento de outras formas de investimentos saudáveis, impossibilitando novas ligações libidinais, levando a um estado de morte psíquica.

Prejuízo de maleabilidade pulsional, desmedida, quebra do equilíbrio psíquico, prevalência de Tânatos sobre Eros, sofrimento maior que o prazer, fixação, quebra significativa com a realidade são alguns critérios utilizados pela psicanálise para designar a patologia, todos eles presentes na paixão.

Podemos imaginar a paixão como o *Phármakon* platônico, "uma 'não-substância farmacêutica' paradoxal, ao mesmo tempo veneno e remédio" (Derrida, *apud* Bento, 2006, p. 192). Pode-se usar a *paixão* para ampliar horizontes, para entrar mais em contato consigo mesmo, para verbalizar sentimentos que precisam ser escutados, ou então, pelo contrário, é possível que ela se restrinja a sofrimento e dor sem uma saída criativa. Morte ou vida, veneno ou remédio.

Martins (2000, p. 75) nos lembra que "tudo o que possa ser descrito como sendo *páthos* pertence ao ser humano, sendo o adoecer uma das possibilidades de destino possível desse mesmo Ser". A patologia é *um* dos destinos da paixão.

Não é porque a paixão traga inerente a desmedida que ela não possa ter uma normalidade. Ou melhor dizendo, a paixão é normalmente "anormal", ela tem suas normas, mesmo que o excesso seja o ponto de partida. Paixão nem sempre será uma doença. Paixão não é o mesmo que paixão patológica, mesmo que ambas compartilhem dinâmicas semelhantes e o mesmo radical. Há uma patologia quando ela vai cronicamente para além do prazer e quando o sujeito não consegue dela se livrar apesar dos prejuízos que lhe traz. Ele às vezes sequer acha necessário esse tipo de liberdade, como já filosofava Platão (*apud* Meyer, 1994).

A priori, podemos deduzir que quando ela é um estado transitório, uma loucura passageira, como dizem os poetas, ela é natural, saudável, corriqueira, *passional*; quando ela estanca, não deixa espaço para o luto da desilusão, vindo a se tornar uma obsessão, há de se pensar em uma *patologia*. Quando o descompasso entre investimento narcísico e objetal, como escreveu Bergeret, torna-se permanente, há grande indício de uma relação patológica.

Rocha (2016) traz uma nova ideia que nos faz questionar ainda mais a paixão. Ele relembra que Freud dizia haver algo de patológico no inconsciente, exemplificando com o caso do sonho, sendo este uma psicose passageira, e a psicose como um sonho que não se acaba. Rocha (2016) questiona se o mesmo não se passa com a paixão, se assim como o sonho, que é um fenômeno da vida normal, mas tem seu aspecto doentio, a paixão também não tenha algo em si que "naturalmente" a torna fixa como patologia em nossa vida psíquica e cotidiana (comunicação verbal).

Pensamos que talvez possa ser seu aspecto mais regredido, tão primitivo que tem menos chance de ser representado e elaborado, que acaba por criar uma hipercatexia (desmedida) difícil de ser descarregada, originando sempre um ponto de fixação. É possível que esteja aí a "normal anormalidade" da paixão, tendo não só o excesso, a *hybris*, mas também a fixação, por causa da dificuldade de representação e consequente escoamento, como seu ponto de partida.

Freud (1933/1974o, p. 98) pontifica que "o id significa as paixões indomadas". Nessa falta de domínio pode recair o patológico, naquilo que sempre virá como um excesso, que nos tirará do nosso eixo, levando-nos a funcionar de um modo mais primário, alheio o máximo possível à realidade.

A paixão sempre parte de uma desmedida, uma fixação, uma certeza de frustração, ela tem seu início no próprio *páthos*. Assim como falamos de amor patológico, podemos falar de paixão patológica quando há um aprisionamento nesse estado "naturalmente anormal" que lhe é peculiar. Amor patológico não é paixão, ambos têm dinâmicas próprias e não se reduzem ao aspecto econômico do aparelho psíquico. Mas ambos podem ter como fim o adoecimento.

Lemaire (1986) deixa claro que a cisão do objeto e sua idealização – tão importantes no momento da instauração do laço amoroso – não são patológicas em si, mas, ao contrário, torna-se patológico quando há a impossibilidade de recorrer, mais adiante, a outros tipos de funcionamento. O que parece patológico para esse autor é a incapacidade de se ter acesso a uma relação *ambivalente*. Ao outro é negada uma parte desfavorável, para ficar apenas com a parte agradável do sujeito e assim garantir apenas gratificação de sua parte.

Concordamos com Aulagnier (1985, p. 154) ao afirmar que "a paixão não tem o sentido de excesso de amor, posto que não se refere a uma diferença quantitativa, mas sim qualitativa". É uma relação diferente não apenas na ordem da economia psíquica, mas na forma do investimento libidinal como um todo, inclusive em seu aspecto topográfico e dinâmico.

Pelo que foi visto na literatura até aqui, começamos a pensar em três tipos de paixão, levando em consideração o reconhecimento da alteridade, a maleabilidade pulsional e a flexibilidade de investimento:

- paixão enamoramento – aquela que antecede o surgimento do amor;
- paixão arrebatamento – aquela que entra em combustão e se consome, terminando em separação;
- paixão patológica – aquela com características mais marcantemente compulsivas e onde prevalece a fixidez e o sofrimento.

Essas primeiras considerações serão objeto de estudo mais detalhado nos próximos capítulos. O papel das instâncias ideais; os investimentos da pulsão: libidinais e tanáticos, objetais e narcísicos; o reconhecimento da alteridade, a fixidez, entre outros conceitos, serão aprofundados a seguir para nos ajudar a entender o destino patológico do apaixonamento.

2. Os ideais da paixão

Neste capítulo, iremos sublinhar o papel das instâncias ideais no apaixonamento, fazendo uma diferenciação entre o ego ideal e o ideal do ego. Iniciaremos com uma discussão sobre a tradução da palavra alemã *Verliebtheit* (paixão), uma vez que foi o termo utilizado por Freud ao tratar da função do ideal na paixão.

Verliebtheit (paixão)

Freud utiliza o termo alemão *Verliebtheit* para falar do estado amoroso em psicologia das massas e análise do ego (1921/1974k), texto que ele mais se aproxima em descrever o amor. Nas edições das suas obras em português, foi escolhida a palavra *amor* (Imago) e *enamoramento* (Companhia das Letras) para traduzir o termo original. Alguns autores como Birman (1993), Lejarraga (1998), Haddad (2011) e Rocha (2008a) usam a palavra *paixão* quando se referem à *Verliebtheit*.

Quando se vê a tradução da palavra alemã em outros textos (da Imago) em que Freud mencionou o estado amoroso, percebe-se que o termo *Verliebtheit* ora é traduzido por "estar amando", ora por "estar apaixonado". Não houve um cuidado maior na tradução dos termos relativos ao sentimento amoroso: *Liebe* (amor) e *Verliebtheit* (paixão), utilizando indiscriminadamente uma ou outra palavra no português.

Estar amando e amor são similares no que tange ao sentimento que pretendem expressar, e o emprego de ambos indistintamente não deixa clara a diferença que Freud parecia querer dar ao usar dois termos diversos: *Verliebtheit* (paixão) e *Liebe* (amor).

Temos uma hipótese sobre o porquê da tradução para "estar amando" em português. Como sabemos, a Edição *Standard* Brasileira foi feita a partir da tradução das obras em inglês. No artigo em questão, *Being in love and hypnosis* (*Estar amando e hipnose*), traduzido por James Strachey do alemão, o termo *being in love* é empregando no lugar do substantivo *Verliebtheit.* Esse termo significa *estar apaixonado* em inglês; *in love* tem um sentido diferente de *love*. *Love* quer dizer amor, porém, *in love*, significa apaixonado. Em inglês foi mantida a palavra *apaixonado*, em vez de *estar amando*. No entanto, em português essa pequena distinção ortográfica com enorme implicância no sentimento que conceitua passou despercebida por alguns tradutores.

Importante sabermos que onde há *Verliebtheit* no alemão, está *in love* em inglês e onde há *Liebe* em alemão, aparece apenas *love* em inglês. Na língua inglesa está claro que há uma diferença, mesmo que tal diferença se dê apenas pelo emprego da preposição *in*, criando a expressão *in love*.

Nem sempre a tradução da obra de Freud manteve-se fiel ao uso de diferentes termos que caracterizavam a distinção entre os sentimentos de amor e de paixão, como fez o próprio Freud no original alemão. Ao serem encontrados alguns textos em português cuja tradução havia respeitado essa distinção, reforçamos nossa hipótese de que havia na mente de Freud um contraste entre os dois sentimentos, no qual tanto o amor quanto a paixão teriam características particulares. Acreditamos que a não uniformidade das traduções se deva à questão de ter havido vários tradutores para a obra em nosso idioma, mesmo dentro de uma mesma editora.

Ao que tudo indica, não houve um consenso quanto aos termos e *Verliebtheit* foi traduzido ora como *apaixonamento* (1914/1974d), ora como *estar amando* (1921/1974k) e ora como *auge do sentimento de amor* (1930/1974n).

Pelo que foi possível deduzir dos dados encontrados em alemão, Freud fazia uma distinção entre amor e paixão, mais do que a tradução deixou transparecer. Ele usava *Verliebtheit* especificamente para se referir à paixão e *Liebe* para reportar-se ao amor. Acreditamos que quando Freud teorizou sobre o estar amando em "Psicologia de grupo e análise do ego" (1921/1974k), ele na verdade estava descrevendo a paixão, e não o amor.

Assim, quando ele afirma que "o objeto foi colocado no lugar do ideal do ego" (Freud, 1921/1974k, p. 144), esse processo se dá no apaixonamento, diferentemente do que sugere a tradução brasileira, referindo-se ao amor.

Para compreender a metapsicologia do apaixonar-se, é importante entender melhor o papel das instâncias ideais nesse processo, o que requer estabelecer uma diferenciação entre o ego ideal e o ideal do ego.

O ego ideal e o ideal do ego

O termo ego ideal surgiu em 1914 no trabalho para introduzir o conceito do narcisismo (Freud, 1923/1974l, nota do editor inglês). Laplanche e Pontalis (1988, p. 190) chamam a atenção para o fato de Freud ter criado a noção de ego ideal, no entanto, "não se preocupou em fazer uma distinção entre o Ego Ideal e o Ideal do Ego, utilizando-os muitas vezes como sinônimos".

Freud usava mais o termo ideal do ego, equiparando-o ao superego, e ao usar pela primeira vez as instâncias ideais, usou ambos os termos não distinguindo um do outro.

No texto "Estar amando e hipnose", emblemático na descrição metapsicológica da paixão, aparece apenas o termo ideal do ego. Freud (1921/1974k, p. 144) diz que na paixão[1] "*o objeto foi colocado no lugar do ideal do ego*". Percebe-se, ao ler o contexto do parágrafo, que o ideal do ego tem aí a conotação mais próxima da idealização narcísica e do id do que uma conotação superegoica herdada do complexo de Édipo. Vejamos o que isso implica na compreensão da patologia da paixão.

Mesmo que Freud não tenha deixado uma distinção clara e teorizada entre as instâncias ideais, alguns autores, entretanto, se ocuparam dessa tarefa. Nunberg (1932/1989) parece ter sido o primeiro a publicar algo sobre o assunto. Em um livro prefaciado por Freud, ele distingue ego ideal e ideal do ego, definindo o primeiro como "O ego ainda inorganizado, que se sente intimamente unido ao id, [ele] corresponde a uma condição ideal e, por isso, é chamado *ego ideal*" (Nunberg, 1932/1989, p. 136, colchete nosso).

Para a criança, seu ego é ideal até que ela encontre a primeira oposição à satisfação de seus desejos. Diante dessa frustração provocada pela percepção da realidade, ela abandona esse ideal narcísico. Um abandono, entretanto, que será sempre acompanhado do esforço para se retornar ao que foi abandonado.

Enquanto, no ego ideal, os impulsos do id são aceitos sem oposição e sua satisfação é permitida, com o surgimento do ideal do ego, esse acordo harmonioso fica perturbado, essa nova instância passa a se inserir entre o ego e o id, demandando renúncias por parte do sujeito.

1 Ver discussão anterior sobre *Verliebtheit*.

Uma distinção entre as duas instâncias é reforçada por Lowewald (1962), afirmando que o ego ideal representa um retorno à perfeição narcísica primária infantil por meio de uma identificação primitiva com as figuras parentais onipotentes. Ele está relacionado ao desejo alucinatório de completude. O ego ideal significa uma volta ao estado primitivo de perfeição, porém um estado que não será almejado para o futuro, mas que está sendo fantasiado no presente.

O autor define o ideal do ego como algo a ser alcançado, um momento seguinte ao ego ideal; é um ideal para o ego, enxergado nas figuras parentais de uma forma mais elaborada e diferenciada que a instância anterior.

Charles Hanly (1984) pontua que a diferença fundamental entre ambos é que o ego ideal conota uma forma de ser, uma identidade como já tendo sido conquistada, enquanto o ideal do ego é uma forma a ser buscada, uma identidade a ser adquirida.

Segundo esse teórico, o ego ideal é um aspecto do ego que acredita que lhe foi concedido o estado de perfeição, refere-se a uma condição muito agradável, porém ilusória. É uma autoimagem distorcida pela idealização, que, no entanto, pode ser experimentada como mais real que o próprio ego, uma espécie de espelho idealizado onde o ego real pode se contemplar relativamente livre da realidade.

Por outro lado, o ideal do ego se refere a um potencial ainda não atingido, é a ideia de uma perfeição em direção a qual o ego precisa se esforçar para chegar; para isso tem que se sujeitar ao teste de realidade requerido pelo ego. O ego ideal enquanto um ideal já conquistado se opõe ao teste da realidade. O primeiro é ativo, o segundo, passivo.

Rocha (1999, *apud* Silva, 2002, p. 43) salienta que: "Com o Ego Ideal (*Idealich*), forjado segundo as ambições fálicas do narcisismo infantil, prevalece o modelo de subjetividade fechada, na qual o ego se constitui como se fosse sua própria origem e fundamento". O autor reforça que, com o ideal do ego, temos um modelo diferente tanto de subjetividade quanto de ideal. Tendo em vista que esta é uma instância aberta para a alteridade, ela leva o ego a reconhecer suas deficiências e a buscar fora de si um ideal, o qual funciona como modelo, e não como exigência.

Em um artigo sobre a paixão, Birman (1993) refere o ego ideal como experiência fundadora do ego na qual o indivíduo adquire sua imagem originária de totalização, realizada através do outro, que, pelo olhar, o reconhece. Isso provoca uma alienação referenciada no outro. O sujeito fica preso no olhar desejante do outro de maneira a se estabelecer uma relação de indiscriminação entre ambos. O ego é seu próprio ideal, não há um obstáculo capaz de romper o fascínio do ego por sua própria imagem.

Por outro lado, a instauração do ideal do ego introduz uma dialetização entre o ego e seus ideais de maneira a surgir uma fenda na onipotência narcísica do sujeito. A posição narcísica é perdida, porém, sua busca é interminável no intuito de restaurar a plenitude e encontrar um outro para quem ele seja tudo e vice-versa. Essa é a demanda básica da paixão.

O ego ideal na paixão

Considerando as descrições e distinções expostas, acreditamos que é no lugar do *ego ideal*, em vez do *ideal do ego*, como está apresentado por Freud (1921/1974k) que é colocado o objeto da paixão. Ele é posto em um lugar anteriormente ocupado pelo narcisismo infantil.

Como vimos, Freud não deixou clara uma distinção conceitual entre as instâncias ideais, portanto, ele ter usado o termo ideal do ego não exclui a possibilidade de ele estar se referindo à instância mais primitiva, o ego ideal, ligado mais firmemente ao narcisismo primário e excluindo a alteridade.

A idealização cega, a ausência de crítica quanto ao objeto, a passividade, a busca pela fusão levando a um estado de completude ilusória, tão presentes na paixão, são também traços característicos do ego ideal.

O objeto sexual é elevado ao nível do ideal, declara Lejarraga (2003), já que possui o que falta ao ego para alcançar seu próprio ideal. O apaixonamento representa, assim, uma via imediata de acesso ao ideal e à onipotência narcísica. O investimento libidinal no objeto torna o sujeito apaixonado frágil e dependente do outro. O trabalho de idealização outorga ao objeto virtudes e perfeições imaginárias, deixando "cego" o Eu apaixonado.

Há uma imensa frustração da criança ao deparar-se com sua insuficiência e a consequente necessidade do objeto externo. É a angústia frente ao desamparo. Daí o postulado freudiano de que o ódio antecede o amor enquanto sentimento experimentado pelo ser humano. Ele odeia o objeto que o faz conhecer sua incompletude, gerando um apelo para que se retorne a esse momento idílico de autossuficiência e completude. Na paixão amorosa, tenta-se chegar bem perto disso.

Não obstante, por mais encantador que seja o apaixonar-se, convém lembrar que, à medida que o objeto da paixão é posto no lugar de ego ideal, há grande probabilidade de se estabelecer uma relação tanto ilusória quanto fechada. O apaixonado não enxerga outras possibilidades de investimento que não o objeto da paixão e o vê como vital para si; como um pedaço de si mesmo, é inviável a ideia de separar-se dele. A paixão, enfim, pode fixar o sujeito em uma dinâmica alheia à realidade e entrópica em termos de economia psíquica.

O sujeito apaixonado se fecha quase completamente para novos investimentos a não ser o objeto escolhido, do qual é esperado um preenchimento completo para o seu vazio existencial.

Essa posição faz lembrar a *paixão tóxica* apresentada por Bento (2007), em que há uma espécie de adicção ao objeto. A *paixão tóxica* traz uma idealização e projeção desmedidas, cujo destino estará marcado primordialmente pela frustração, pela não realização concreta daquilo que só existe no campo da ilusão.

Concordamos que na paixão há uma projeção maciça no outro, não obstante, é um outro que não é visto como objeto separado, ele é parte do sujeito via ego ideal. Isso leva a um tipo de investimento paradoxal: não há um investimento objetal propriamente dito, uma vez que o objeto não é reconhecido como distinto; tampouco há um investimento narcísico, posto que não é propriamente o ego do indivíduo que está sendo libidinizado, há um esvaziamento egoico.

O sujeito não se beneficia nem de um investimento objetal, estabelecendo uma relação com o outro, nem de um investimento egoico, fortalecendo seu narcisismo primário. Muito pelo contrário, o ego se empobrece ao se entregar dessa maneira ao objeto; no momento em que ele substitui seu constituinte mais importante pelo objeto, ele entrega seu amor-próprio ao outro.

O amor que constitui o ego e o ódio que cria o objeto

Acreditamos que a dificuldade do sujeito apaixonado perceber o outro tem suas raízes em uma época primitiva do desenvolvimento egoico quando da descoberta do objeto. O reconhecimento do outro é uma experiência decisiva, porém momentosa para o sujeito.

No início, o recém-nascido não se diferencia do objeto, uma vez que ainda não tem a seu dispor o desenvolvimento das funções psíquicas que lhe permitam perceber-se separado do mundo. Na verdade, ele ainda sequer se vê como um todo, mas como uma justaposição de partes separadas que se gratificam independentemente em investimentos parciais e de forma autoerótica. Tampouco faz ideia do que seja o mundo. Não há a noção de diferenciação nem distância na forma incipiente do recém-nascido registrar as informações ao seu redor.

É preciso uma nova ação psíquica para a saída do autoerotismo e o início do narcisismo, ou seja, o narcisismo não existe desde o começo. Após a unificação do ego, via identificação, é que haverá o autoinvestimento enquanto um todo. Esta é a fase do narcisismo primário, cuja satisfação continua a ser autoerótica.

O narcisismo primário é de suma importância para a existência do sujeito. Essa cota de catexia dirigida ao próprio ego sedimentará o amor-próprio e permitirá suportar as frustrações posteriores. Um ego que tenha sido satisfatoriamente narcisado aguentará as desilusões do mundo real sem abalar demais a autoestima e a confiança. Esse amor inicial do sujeito dirigido ao ego responde pela base de sua constituição e pelo alicerce das construções que se somarão ao longo de sua existência. Vale salientar que este é um amor que não é experimentado da forma como imaginamos, posto que ainda não existe o conceito de objeto formado no bebê.

Esse amor autodirigido se alicerça por meio do amor de um outro, em geral a mãe ou quem exerça sua função. No primórdio da construção psíquica, é fundamental o olhar materno para dar andamento e sustentação ao processo de subjetivação, processo que necessariamente passa pelo amor, narcísico e materno. Mesmo que o sujeito não perceba inicialmente o objeto, é a catexia amorosa emprestada pelo outro que dará subsídios para o investimento do sujeito em si.

Lacan (1995, 1956-57) enfatiza a importância materna nesse processo. Ele diz que a criança não tem como distinguir se o tipo de satisfação inicial é da ordem da alucinação ou do real. É preciso que a "mãe ensine, progressivamente, a criança a submeter-se às frustrações e perceba, não sem uma certa tensão inaugural, a diferença que existe entre a realidade e a ilusão" (Lacan, 1995, 1956-57, p. 34). Para ele, o amor materno será decisivo para a passagem do narcisismo primário para a relação com o objeto externo.

Não podemos deixar de mencionar aqui o importante conceito de Winnicott sobre a mãe suficientemente boa, aquela que permite doses de realização juntamente com experiências de frustração, inserindo paulatinamente o bebê no mundo da realidade.

Ter as necessidades realizadas, os desejos satisfeitos, ter um olhar onde se espelhar é o substrato para a decisiva sensação de onipotência primitiva do ser, aquela que o funda; uma onipotência que ele não reconhece ser, na verdade, mantida por um terceiro. Eis a ilusão narcísica: bastar-se a si mesmo, quando na realidade é o mundo externo, por meio do outro, que sustenta essa crença.

Na verdade, é possível que o bebê não tenha sequer aparato anímico para entender o que significa sentir-se onipotente. O fato é que ele ainda não experimentou, nessa fase, uma forte sensação de falta e de mal-estar decorrente da necessidade não satisfeita. Ele se inicia no mundo sob o princípio do prazer, para gradativamente ir se submetendo ao princípio da realidade, quando, então, experimenta os limites aos seus desejos.

Voltando à passagem do narcisismo para a relação objetal intermediada pela função materna, Pellegrino (1987) traz uma referência que permite ver como a relação inicial da criança com a mãe tem influência direta nas relações amorosas posteriores. Ele observa que quanto pior for a relação entre ambas, quanto menos a criança se sentir amada e protegida pela figura materna, mais ela se agarrará a ela e mais devastadoras serão as paixões desencadeadas na vida adulta.

Um ego que não teve um bom investimento narcísico será um ego fragilizado e se sentirá enormemente ameaçado e desamparado frente às desilusões da realidade. As decepções fatalmente se farão presentes e a realidade inevitavelmente causará uma dor que deixará uma ferida perene, a ferida narcísica, aquela diante da desilusão quanto ao narcisismo imaginado.

A desilusão tem início à medida que a criança passa a experimentar o desprazer diante de seus desejos não satisfeitos, então, começa a se deparar com sua insuficiência e a perceber que o mundo não começa nem termina nela própria. O bebê vai se dando conta que ele depende de algo que não pode controlar, portanto, suas necessidades correm risco constante de serem insatisfeitas.

É nesse contexto que se dá a descoberta do objeto. Conjuntamente com a sua percepção vem a experiência de dependência de um terceiro. A existência do outro chega com o impacto de fazer cair por terra a ilusão da autocompletude. Esse processo causa muito ódio.

"O inimigo do narcisismo é a realidade do objeto e, inversamente, o objeto da realidade, ou seja, sua função na economia do Eu", afirma Green (1988c, p. 49). Green observa que o objeto é ao mesmo tempo interno e externo, sendo necessário à fundação do indivíduo e à elaboração do narcisismo. É a perda do objeto que o revela aos olhos do sujeito e acaba por desvendar a estrutura narcisista,[2] conclui o autor.

Esse autor afirma que o narcisismo primário é "Desejo do Um, aspiração a uma totalidade autossuficiente e imortal onde o auto engendramento é a condição, morte e negação da morte ao mesmo tempo" (1988c, p. 142).

No narcisismo, o objeto entra em relação conflitiva com o eu, dado que o investimento das pulsões no ego tem como efeito transformar o desejo pelo objeto em desejo pelo ego (Faveret *et al.*, 2007). Em outras palavras, o desejo muda de objeto, pois é o ego que se torna seu próprio objeto de desejo, na tentativa de driblar o descentramento causado pela emergência do desejo.

Um descentramento, vale salientar, essencial para o ser humano. Caso não houvesse a percepção do objeto, o sujeito sucumbiria enredado nas suas fantasias de autogratificação, tal qual Narciso,

2 Green acredita haver uma estrutura narcísica primária e prefere falar de estrutura no lugar de estado narcísico primário.

hipnotizado pelo fascínio de sua perfeição. Não nos esquecendo que é a falta que faz o sujeito preencher seu lugar com a fantasia, ou seja, o ódio também tem seu efeito criativo.[3]

Assim como o amor é o constituinte do ego, via narcisismo primário, no caso do objeto, é o ódio que o introduz. O amor-próprio permitirá contrabalançar o ódio dirigido ao outro e até mesmo dirigido a si, pois a desilusão não deixa de ser consigo mesmo. O narcisismo primário funciona como um contraponto ao ódio e ao medo do desamparo. A solidez interna faz frente ao desequilíbrio causado pela instabilidade do objeto e pelo fato do sujeito não o controlar.

A prevalência da negação ou aceitação da falta, a dificuldade ou facilidade de reconhecer a alteridade, são aspectos conflituosos que se repetem na paixão, cujo interjogo terá um peso decisivo na instauração do apaixonamento bem como no seu destino.

Mesmo que o fracasso seja o desfecho destinado à paixão, ele pode se dar de diferentes maneiras, inclusive um fracasso aceito, cujo luto será bem elaborado.

Vejamos agora como a psicanálise freudiana apresenta os padrões que orientam como os objetos serão eleitos para a satisfação do sujeito e que tem íntima relação em como se dará a elaboração da sua perda.

Tipos de escolha de objeto

A escolha objetal refere-se ao ato de eleger uma pessoa ou tipo de pessoa como objeto de amor (Laplanche & Pontalis, 1988). Freud (1914/1974d) aponta dois tipos de escolha de objeto amoroso: uma do tipo narcísico e outra do tipo de ligação ou anaclítico.

3 O aspecto saudável da criatividade foi muito valorizado e destacado por Winnicott ao longo de sua obra.

O primeiro tipo, narcísico, se dá a partir do modelo da relação do indivíduo com a sua própria pessoa. Conforme escreve Freud (1914/1974d, p. 107), seguindo esse modelo, a pessoa irá amar "o que ela própria é (isto é, ela mesma), o que ela própria foi, o que ela própria gostaria de ser, alguém que foi uma vez parte dela mesma".

Falando em termos de ideais, esta nos parece ser uma escolha mais permeada pelo ego ideal. É uma escolha fechada, na qual o sujeito tem a si mesmo como modelo, não havendo mediação da alteridade. O sujeito é sua própria referência, movido por uma lógica especular.

Freud (1914/1974d) atribui esse tipo de escolha predominantemente às mulheres e a opõe ao tipo anaclítico, que seria mais típica dos homens. Ele ressalva que essas escolhas são puramente esquemáticas e suscetíveis de se alternarem ou de se combinarem em cada caso individual.

O tipo anaclítico é descrito como uma escolha feita a partir do modelo das figuras parentais, enquanto estas asseguram alimento, cuidados e proteção à criança. Ele tem como base a função de apoio das pulsões sexuais nas de autoconservação.

Freud (1914/1974d, p. 107) descreve que, na escolha anaclítica, a pessoa irá buscar "a mulher que o alimenta, o homem que a protege, e a sucessão de substitutos que tomam o seu lugar". Nesse caso, podemos conjecturar que é a busca do ideal do ego que majoritariamente direciona tal escolha, em um percurso que aceita o outro, investe em objetos do mundo externo, permeado pelo investimento libidinal nos pais, e, a partir de então, vai à procura de uma "sucessão de substitutos" que tomem seus lugares.

De acordo com Baranger (1994), quando os objetos das pulsões do ego tornam-se objetos da libido, ou seja, as pulsões sexuais se juntam às pulsões do ego, fica determinado o tipo de escolha objetal anaclítico ou de apoio. Em oposição a essa modalidade de escolha, encontra-se a narcísica, que é direcionada por uma escolha semelhante ao que o sujeito é, foi ou gostaria de ser. Nesse tipo de escolha, o retorno da libido ao ego – retorno narcísico – é mais patógeno, adverte Baranger (1994), que acrescenta ser este o tipo envolvido no apaixonamento.

Os dois modos de amar se mantêm funcionais ao longo da vida, não havendo uma separação precisa e rígida entre um e outro; há diferentes gradientes, tendências e inclinações.

Laplanche e Pontalis (1988) questionam se é possível opor, mesmo que esquematicamente, os dois tipos de escolha objetal, e usam os exemplos dados por Freud para demonstrar a dificuldade de separar os dois conceitos. No tipo anaclítico, salientam os autores, Freud ressalta a supervalorização sexual atribuída ao objeto escolhido. Essa supervalorização tem sua origem no narcisismo primário do sujeito que é transposto para o outro. Portanto, trata-se mais de uma escolha mobilizada pelo narcisismo do que pelo modelo de ligação.

Por outro lado, prosseguem os autores, como exemplo de escolha narcísica, Freud descreveu as mulheres que querem ser mais amadas do que amarem e lhes agrada o homem que satisfaça essa condição. Nesse caso, estabelece-se uma relação de cuidado do outro, portanto anaclítica, em vez de uma relação especular e narcísica, como Freud quis exemplificar.

Conjecturamos que, nesses exemplos, a lógica freudiana é conduzida pelo ponto de vista da economia egoica do sujeito, mais focado no retorno libidinal para o ego do que no investimento feito a partir dele. No tipo anaclítico, o sujeito empobrece libidinalmente seu ego à medida que dirige quase toda sua catexia para o objeto, acarretando em uma supervalorização do outro. O ego fica, dessa forma, empobrecido. Parece ser por esse motivo que Freud não considera esse tipo de escolha como narcísica.

Já na escolha narcísica, de acordo com Freud (1914/1974d), a pessoa ama apenas a si mesma, com intensidade comparável à do amor do outro por ela. "Sua necessidade não se acha na direção de amar, mas de serem amadas" (Freud, 1914/1974d, p. 105). Por meio desse amor do outro, essas pessoas terão o ego libidinizado, tal qual o foi inicialmente pela mãe, portanto recai em um modelo narcísico de investimento.

Essas contradições mostram o quanto é impossível separar, mesmo que seja esquematicamente, as formas de investimento para se estabelecer padrões puros de funcionamento psíquico.

Será então apropriado dizer que a forma dominante de amar das mulheres segue o modelo narcísico e dos homens o modelo de ligação? Às mulheres cabe predominantemente serem amadas e aos homens amar? Essa assertiva é perigosa, sobretudo quando, sobre o primeiro tipo de escolha, recai um viés patologicista, ou, no mínimo, menos amadurecido psiquicamente.

Quanto às formas de amar, em outro momento de sua obra, Freud abordou algumas hipóteses sobre possíveis maneiras dos homens amarem. Ele escreveu três artigos aos quais denominou "Contribuições à psicologia do amor". Nos dois primeiros (1910/1974b; 1912/1974c), ele fala de um tipo especial de escolha de objeto e sobre uma tendência à depreciação na esfera do amor; ambos os temas se encontram interligados no desenvolvimento psicossexual do sujeito.

A libido tem duas correntes que a compõem, uma afetiva, outra sensual, escreve Freud (1912/1974c). A primeira é a mais antiga, formando-se na base dos interesses de autoconservação, sendo dirigida àqueles que cuidam da criança. Ela carrega também interesses eróticos que, no período de latência, ficam inibidos no seu objetivo. Essas correntes se separam para preservar a criança no complexo edipiano.

Na puberdade, as duas correntes, afetiva e sensual, se unem em torno do mesmo objetivo, porém dirigidas a outro objeto que substitui os primários e com os quais "se possa levar uma verdadeira vida sexual" (Freud, 1912/1974c, p. 165). Nessa época, serão feitas as primeiras escolhas amorosas da vida adulta do sujeito.

De acordo com Freud (1912/1974c), em alguns casos, o sujeito pode se fixar em fantasias incestuosas, e ambas as correntes, então, se dividirão novamente para poupar o sujeito da angústia frente à castração, por causa da revivescência da situação edípica. O resultado são pessoas que, quando amam, não desejam, e quando desejam, não podem amar; tornam-se homens impotentes ou mulheres frígidas.

Assim entramos na esfera das patologias. Esse será nosso tema do capítulo a seguir: os destinos patológicos da paixão.

3. Destinos patológicos da paixão

Partiremos agora para os desdobramentos patológicos da paixão, não perdendo de vista a noção discutida no Capítulo 1 sobre a patologia em psicanálise dentro da perspectiva de desequilíbrio de investimentos, fixidez, ausência de maleabilidade e excesso.

Observamos que a paixão, ao partir de suas características, tem traços peculiares da patologia. Mesmo assim, podemos falar da patologia da paixão quando seus aspectos "normalmente patológicos" aprisionam o sujeito em um destino doentio, sem conseguir uma saída saudável para o estado instalado.

Tendo como base os conceitos levantados no Capítulo 2 – ego ideal, narcisismo primário, escolha objetal narcísica –, iremos usá-los para apresentar possíveis patologias do apaixonar-se, abordando a paixão pelo prisma do narcisismo e seus desdobramentos na melancolia, na alteridade, na alienação e no fetichismo.

Esta separação esquemática tem um objetivo mais didático do que real. Todos os destinos patológicos estão conectados e intrincados um nos outros tendo como ponto em comum o ego ideal e o narcisismo, os quais serão discutidos em todos os tópicos. Corro o risco de parecer repetitiva, mas assumo o perigo tendo em mente que minha pretensão é olhar o mesmo fenômeno – a instância psíquica que responde pelo apaixonar-se – sob diversos prismas que formarão um mosaico cuja justaposição das imagens darão uma visão mais abrangente e aprofundada do apaixonamento em seu estado patológico.

Destacamos, também, que estes são alguns dos caminhos *páthicos* traçados pela paixão, porém, estão longe de serem os únicos.

Narcisismo patológico: o narcisismo que mata e fere

O narcisismo primário é fundamental para o ser humano, e uma de suas principais funções é amalgamar e dar sustentação à constituição do sujeito.

Freud (1914/1974d) fez uma distinção entre narcisismo primário e secundário. O primário seria um primeiro movimento de unificação, no qual as pulsões se organizariam em um investimento unitário em torno do ego. Nesse primeiro momento, o ego ainda não toma conhecimento do mundo externo, uma vez que se encontra encerrado em si mesmo.

Já o secundário seria construído sobre a base do narcisismo primário, designando o estado que é instaurado quando a libido, já tendo sido investida nos objetos, retorna em direção ao eu, com o consequente desinvestimento do mundo externo e o fechamento em si próprio. O narcisismo secundário tem íntima relação com a patologia. Freud (1914/1974d) o explicou tendo como exemplo a retirada da libido na esquizofrenia.[1]

Semi (2011) determina a passagem do narcisismo primário para o secundário calcada no fracasso do primeiro.

1 Por muito tempo, Freud englobou a esquizofrenia na categoria de neurose narcísica, já intuindo uma parcela de narcisismo patológico nela.

> *O narcisismo secundário nasce das cinzas do primário e exprime uma tentativa de reconstruir condições interiores, psíquicas, de prazer, de autoconservação, de segurança, que aquele, ilusoriamente, garantia. A passagem, porém, não é pequena, e o fracasso não é indolor. (Semi, 2011, p. 85)*

A saída do narcisismo primário é, por si só, ameaçadora. Rank (1924 *apud* Freud, 2014)[2] fala do trauma do nascimento, quando o bebê é separado do corpo mãe por ocasião do parto. Esse seria o protótipo da sensação de desamparo e da angústia de castração. A passagem do narcisismo primário para a relação de objeto traz inerente semelhante angústia à medida que, nesse momento, o bebê irá se perceber verdadeiramente vulnerável, tanto ou mais do que no momento do nascimento, pois entenderá que precisa do outro para sobreviver e esse outro não é controlado por suas vontades. A adaptação a essa nova realidade pode ser mais, ou, menos dolorosa, o que implica acionar defesas mais, ou, menos radicais e adequadas frente ao mal-estar despertado pela nova situação.

Conforme nos relembra Semi (2011), enquanto estado inatingível, o narcisismo é sempre infeliz, posto que traz consigo uma exigência de completude que nunca poderemos alcançar. "Se esta é a condição humana – a de ser incompleto –, em muitas situações o narcisismo se torna particularmente infeliz, fazendo que o indivíduo se lance em uma condição de sofrimento e de angústia" (Semi, 2011, p. 46).

Freud (1914/1974d, p. 117) observa que o "desenvolvimento do ego consiste em um afastamento do narcisismo primário e dá margem a uma vigorosa tentativa de recuperação desse estado", explicando que esse afastamento é ocasionado pelo deslocamento da libido

2 O artigo em que Rank trata desse assunto é citado por Freud em *Inibição, sintoma e angústia*, de 1926.

em direção a um *ideal do ego* imposto de fora, sendo a satisfação, então, provocada pela realização desse ideal.

Entendemos que essa saída por meio do ideal do ego envolve realizações que remetem à idealização de si próprio parecida com aquela do estado infantil, porém intermediadas pela realidade. Nisso incorre também o amor (diferentemente da paixão), em uma escolha de um ideal factível no que tange ao objeto amoroso, com idealizações, mas também com o reconhecimento das limitações do outro, sem almejar a perfeição.

Nunca atingimos o sentimento de unidade e plenitude, observa Moguillansky (2014), ainda que sempre o busquemos. "Do ponto de vista da psicanálise, diríamos que todo sujeito, a despeito de si próprio, é um sujeito dividido que não se resigna a sê-lo" (Moguillansky, 2014, p. 113). O autor indica o *ego ideal* como a continuidade e a persistência da sensação de completude e frisa que, nesse desejado sentimento de completude, não há outros.

Como mostramos no Capítulo 2, na paixão, busca-se a idealização igual àquela do narcisismo primário, um momento que deveria ser superado no desenvolvimento psíquico. A utilização do apaixonamento como forma de retorno narcísico primitivo diz muito a respeito desse sentimento e de quem o vivencia de forma mais perene. Um sentimento que cria uma relação bastante contraditória, uma vez que, por buscar a completude narcísica, não deixa espaço para o outro, anulando uma relação de dois.

À medida que a paixão é intermediada pelo ego ideal, ela remete ao narcisismo primário que deveria ter sido elaborado, dando lugar ao investimento objetal. Apesar da paixão envolver um objeto, de acordo com sua dinâmica, entendemos que ele não é propriamente reconhecido, o que nos leva a pensar em um fechamento narcísico patológico, não estruturante, em que não há espaço para a diversidade de investimentos no mundo externo.

Deve-se ressaltar que o investimento nos objetos é o caminho natural à saída do narcisismo primário, mas a volta da libido para o ego não necessariamente se configura em uma patologia. Tal retirada pode ser temporária ou mais permanente. Da fixação da libido nessa volta ao ego depende a patologia ou não.

Freud ilustra a situação comparando o ego a uma ameba que lança seus pseudópodos e os recolhe conforme a conveniência. Assim também faz o ego ao direcionar os investimentos para o mundo externo e retirá-los de volta ao ego.

Essa dinâmica foi tão cara à Freud que, dos anos 1914 até 1920, o conflito psíquico foi colocado em termos de libido objetal *versus* libido do ego, destacando a importância do direcionamento libidinal.

Em situações de frustração, de perda do objeto, quando há uma elaboração saudável desta, ocorre a retirada estratégica da libido levando ao retorno ao ego, permitindo seu fortalecimento, com posterior reinvestimento em novos objetos. É o caso do luto.[3]

No entanto, há pessoas que não conseguem fazer esse refluxo da libido ao ego e depois voltar a dirigi-la de volta ao mundo externo, ficando impedidas de novos investimentos objetais, incorrendo em um narcisismo secundário patológico. Pensamos que, na paixão patológica, ocorra dinâmica semelhante.

Os sujeitos com dificuldade de investimento genuíno no outro podem ser entendidos como pessoas com dificuldades narcísicas, que, como pontua Hornstein (2009), parecem encurraladas por uma autonomia que se transforma em solidão devastadora e uma reação negativa frente à aproximação do outro, o qual isola com a pulsão mortífera.

3 A melancolia será vista no próximo tópico.

> *Quando se busca a fusão, é porque sozinho temem perder seu sentimento de si ou seu sentimento de autoestima. Combatem a angústia de separação-intrusão criando uma série contínua de relações de objeto narcísico. O intolerável é a alteridade. Um excesso de presença é intrusão. Um excesso de ausência é perda.* (Hornstein, 2009, p. 51)

Esse é o tipo de situação que vemos quando a presença do outro é fonte de angústia, uma vez que é vista como uma invasão, desmoronando o equilíbrio precariamente mantido pelo sujeito.

Uma outra dificuldade que pode incorrer na relação passional, especificamente ligada ao seu fim é – a depender da fenda egoica do sujeito e da intensidade de projeção do ego ideal no outro – o ego estar tão esvaziado de autoinvestimento que a libido encontre dificuldade para onde retornar. É como se não houvesse praticamente solo fértil em que ela pudesse ser novamente plantada. Assim, há pouca chance de um reinvestimento construtivo em si para uma nova recatexização no mundo externo. Com o afastamento do objeto, ele praticamente leva o ego – ideal – do sujeito, que de tão empobrecido mal tem condições de se recuperar libidinalmente.

Montero (2005, p. 16) cita uma frase de Catão que diz que "a alma do amante vive num corpo alheio"; nós a parafraseamos afirmando que "o ego do apaixonado vive num corpo alheio". Em casos mais patológicos, o ego parece ter feito morada permanente no outro e desaprendeu o caminho de volta quando necessário.

A questão do narcisismo abre campo para outras conjecturas. Se olhado sob novo prisma, o daquele por quem se apaixona, levanta-se a hipótese de que pessoas com personalidade marcadamente narcísica acabam por exercer enorme fascínio sobre outros que terminam se apaixonando "loucamente".

Pessoas com personalidade narcísica são aquelas que, diante das dificuldades frente ao abandono compulsório do narcisismo primário, criam feridas incuráveis decorrentes da desilusão consigo mesmo e com a realidade do objeto. Elas buscam aparentar grande autoconfiança, mas possuem pouca solidez interna.

É o caso do *falso self*, termo cunhado por Winnicott para falar do fenômeno em que o verdadeiro e frágil self permanece escondido e cria uma imagem falsa para ocultá-lo; desse modo, a visão que o sujeito tem de si e a que as pessoas têm dele é da casca espessa que ele criou.

Um conceito semelhante é o do *self grandioso*. Este termo é empregado por Kohut (1988) para se referir à imagem onipotente e perfeita que a criança tem de si mesma, e nos casos em que ela persistir, o sujeito vai apresentar algum grau de transtorno narcisista de personalidade.

No transtorno narcisista de personalidade, o sujeito se defende da baixa autoestima, fingindo, muitas vezes até para si mesmo, uma grande segurança interna e um ego muito bem libidinizado, por si e pelos outros. Esse tipo de personalidade pode ser chamado simplesmente de "narcísica" ou "narcisista". As pessoas narcísicas demonstram onipotência e prepotência para disfarçar um grande vazio interno e medo do outro.

Em uma alusão à dificuldade desses sujeitos, Green (1988c) explica: "os narcisistas são pessoas feridas – de fato, carentes do ponto de vista do narcisismo" (p. 17). Tais pessoas fogem do encontro com a incompletude por meio da ilusão de não precisarem de ninguém.

Nem todas as pessoas com marcantes dificuldades vividas no abandono do narcisismo primário usam do mesmo tipo de defesa, criando um *falso self*. Muitas externalizam sua fragilidade, tornando-se visivelmente inseguras e dependentes de terceiros, sempre duvidando abertamente de suas capacidades e necessitando da fusão com o outro.

Esses dois lados são abordados por Hornstein (2009) que chama a atenção para dois movimentos narcísicos: o de se afastar dos outros ou de se aferrar a eles. O narcisista se distancia quando sente que algo ameaça seu frágil equilíbrio e aferra-se quando sua "sede de objeto apenas se sacia em presença daquele a que cabe a função de refletir para o sujeito" (Hornstein, 2009, p. 55).

As pessoas narcisistas com mais propensão a "colarem" no outro, muito fragilizadas egoicamente, precisam sempre de um outro que funcione como instrumento para sua validação. Elas não necessariamente desenvolveram personalidade narcísica com sinais de prepotência. Indagamos se elas não acabam se atraindo por outras com traços mais marcantes de um *self* grandioso, por acreditarem na autossuficiência que o outro quer aparentar. Dessa maneira, encontram um ótimo espelho onde projetar suas autoidealizações, tentando assim compensar sua dificuldade, imaginando que o outro pode lhe prover o que lhes falta. Aquilo que Hornstein (2009) chama de "refletir para o sujeito" (p. 55). Elas ficam fascinadas pela aparente autoconfiança do outro e buscam, via projeção e identificação, adquirir tal prazer narcísico para si, como se pudessem se contagiar com tamanha autoconfiança e se banharem no reflexo brilhante de um terceiro.

Eiguer (2014) traz um conceito, compartilhado com Racamier (1993) (*apud* Eiguer, 2014), que é bastante útil para o que estamos descrevendo. Trata-se da perversão narcísica. Ele considera que a perversão narcísica "leva o narcisismo *autossuficiente* aos limites extremos de sua ação [...] com uma combinação do narcisismo com dois outros elementos: a destrutividade e a tendência à extraterritorialidade – ou seja – o sujeito tenta comprometer outra psique" (Eiguer, 2014, p. 93).

Racamier (1993), citado por Eiguer (2014, p. 94), afirma: "o perverso narcisista se faz valer a expensas de um outro". Aqueles com perversão narcísica agem por meio de manipulações psíquicas, por intimidação, produzindo perplexidade, paralisia, desvalorização, invasão da mente por produção de culpa nas vítimas que acabam aceitando todo tipo de compromisso em detrimento da autoestima, acarretando o desmantelamento do próprio narcisismo.

Martins (2009) define que a perversão narcísica refere-se a uma falha narcísica inicial, a partir da qual o sujeito, em vez de voltar-se para si, busca no poder exercido sobre o outro uma forma de sustentação e preenchimento de seu próprio narcisismo. O indivíduo odeia o objeto primário por ele ter falhado, mas precisa do objeto, do outro, justamente porque, em razão dessa falha primária, sente que não sobrevive sem ele. Esse autor diferencia a perversão narcísica da sexual, segundo denominação dele, enfatizando que, na primeira, o uso do outro como um objeto para si se dá pelo poder e domínio sobre o outro, enquanto a perversão sexual – que, decerto, também está ligada ao narcisismo – responde a uma denegação da diferença sexual. A perversão narcísica necessita do outro para sua própria sustentação egoica.

Naves (1999) também faz uma articulação entre perversão e narcisismo que aponta esse norte que estamos seguindo. Ela questiona se existe um narcisismo perverso naqueles que, para se preservarem, sentem que é necessário controlar o outro, em uma tentativa de destruir as diferenças, impedindo que os objetos se consolidem e possuam desejos próprios. Essas pessoas desejam criar relações fusionais com o outro para tomarem posse do objeto.

O objetivo buscado na perversão narcísica é a utilização dos recursos do outro; o sujeito teria necessidade das competências desse outro, gostaria de nutrir-se de sua vitalidade, de seu entusiasmo, o outro seria um "*utensílio* a serviço das funções de que o perverso narcísico teme carecer" (Racamier, 1993 *apud* Eiguer, 2014, p. 95).

Na paixão patológica, uma das possibilidades é o sujeito ser atraído por outro com perversão narcísica, sem perceber que é este outro, supostamente superpoderoso, que necessita dele. Vemos essa dinâmica em paixões que envolvem submissão extrema, onde a baixa autoestima e o masoquismo do apaixonado permitem sua inclusão nesse jogo de vampirização narcísica.

A questão concomitante às relações com pessoas com traços narcísicos, perversos ou não, é que aqueles com essas características não sabem amar o outro. Assim, a busca por uma cura do narcisismo esfacelado acaba acarretando mais estilhaços ainda. Não apenas há uma desilusão de completude, como também a dor diante da ausência de um investimento qualquer que seja por parte do outro.

Semi (2011, p. 79) pontua o que pode acontecer nessas relações:

> *o narcisismo, por definição, é uma relação pessoal que elimina o outro, caracterizada pelo investimento afetivo em si mesmo. Todavia isso não exclui que os outros existam, e nem que se estabeleçam relações. Existem relações com, ou entre, pessoas particularmente narcisistas, e essas relações sempre possuem a característica de provocar um efeito de solidão.*

Penso aqui, como exemplo, duplas nas quais um não enxerga o outro, e o que os mantém é a possibilidade de se mirarem na admiração projetada no outro, que é visto como uma miragem de si, e não como uma pessoa com quem criar uma relação.

Continuando nos desdobramentos do narcisismo para a paixão, as questões narcísicas podem ainda ir além, ou *mais além*, levando-nos até a pulsão de morte.

Há de se pensar que, quando Freud introduziu o narcisismo na teoria psicanalítica, em 1914, ele ainda não havia teorizado sobre a pulsão de morte. Ele mudou, por exemplo, sua concepção econômica do masoquismo (1927/1974m) em virtude do novo conceito. Outras noções também foram reformuladas a partir da perspectiva surgida em 1920, tal como os polos do conflito. Porém, como destaca Green (1988c, p. 39), o "narcisismo, abandonado por Freud, por razões pretensamente teóricas, fica suspenso depois de *Além do princípio do prazer*".

Green (1988c) chama a atenção para uma articulação necessária entre o narcisismo e a pulsão de morte, pontuando que tal articulação mostra sua face na melancolia, a qual se apresenta sob a jurisdição do narcisismo e é também descrita como expressão da pulsão de morte. O autor propõe chamar de narcisismo negativo (discutido logo a seguir) essa junção entre narcisismo e tânatos.

Se há uma pulsão sexual dirigida ao ego do sujeito, por que não haveria uma pulsão de morte igualmente dirigida para o ego de sujeito? Freud não teve tempo ou interesse de se ocupar dessa questão, mas outros autores se debruçaram no estudo da inter-relação entre narcisismo e tânatos. Dentre esses, vamos nos deter sobretudo em Rosenfeld e Green, os que mais se destacaram nesse tema.

Rosenfeld (1971) relembra que Freud (1920/1974j) enfatizou que a pulsão de morte tende a levar, silenciosamente, o indivíduo em direção à morte, e somente por meio da atividade da pulsão de vida, tânatos é projetado e surge como impulso destrutivo contra objetos no mundo externo. Ambas as pulsões se encontram fusionadas, não sendo possível observar a pulsão de morte na sua forma original, já que ela se manifesta sempre como processo destrutivo contra os objetos ou o self. Tais processos parecem operar em sua forma mais virulenta em patologias narcísicas.

Fazendo referência à afirmação freudiana de que, à época do narcisismo primário, quando o objeto faz sua aparição (quando a criança reconhece a existência do objeto), o ódio atinge seu ápice, Rosenfeld (1971, p. 169) conclui: "o ódio, enquanto relação com o objeto, é mais antigo que o amor. Ele deriva do repúdio primordial do narcisismo egoico em relação ao mundo externo com seu excesso de estímulos".[4]

Ele introduz o conceito de fusão patológica para aqueles processos em que, na mistura de impulsos libidinais e destrutivos, a força

4 Tradução livre.

dos impulsos destrutivos fica mais forte, enquanto na fusão normal, a energia destrutiva fica mitigada e neutralizada.

Rosenfeld (1962) destaca que a fusão do self com o objeto funciona como defesa contra o reconhecimento da separação entre ambos. A percepção da separação leva imediatamente a sentimentos de dependência do objeto e, consequentemente, à frustração.

O autor diferencia aspectos libidinais e destrutivos do narcisismo. Ao considerar o narcisismo pelo seu aspecto libidinal, observa-se que a supervalorização do self desempenha um papel central, baseado principalmente na idealização. A idealização do self é mantida por identificações projetivas e introjetivas onipotentes com objetos bons e suas qualidades. Dessa maneira, a pessoa narcisista acha que tudo que é valioso relacionado aos objetos externos e o mundo exterior é parte dela ou é onipotentemente controlado por ela.

Paralelamente, quando se considera o narcisismo pelo seu aspecto destrutivo, encontra-se outra vez a idealização do self desempenhando um papel central, porém agora a idealização diz respeito a partes onipotentes *destrutivas* do self. Ela é dirigida contra qualquer relação de objeto positiva e qualquer parte do self que sinta necessidade por um objeto e deseje depender dele.

As partes destrutivas do self geralmente se mantêm disfarçadas ou silenciadas e cindidas, o que encobre sua existência e dá a impressão de que elas não têm relação com o mundo externo. Na realidade, explica Rosenfeld (1971), elas têm um efeito muito poderoso em atrapalhar relações objetais que envolvam alguma dependência e a manter o objeto em permanente desvalorização, o que leva à aparente indiferença do narcisista no que tange ao objeto e ao mundo externo.

No narcisismo da maior parte das pessoas, os aspectos libidinais e destrutivos coexistem, mas a violência do impulso destrutivo varia. Nos estados narcísicos em que o aspecto libidinal predomina, a destrutividade se torna aparente assim que a idealização do self é ameaçada pelo contato com o objeto o qual é percebido como separado. O sujeito se sente humilhado e desafiado pela revelação de que é o objeto externo que, na realidade, contém as qualidades valiosas que ele tinha atribuído a si próprio. Nisso surge um impulso de destruição do objeto e de si mesmo.

Esses conhecimentos podem nos ajudar a pensar a paixão no seu aspecto mais destrutivo, que a torna patológica, inclusive naquela parcela que tenta evitar a percepção do objeto e age como se ele mesmo tivesse apenas a função de fortalecer seu ego. Podemos usar o exemplo anterior novamente para ilustrar essa dinâmica: duplas que convivem, porém não se veem, não se importam com seu par, apenas querem se garantir na miragem ideal projetada no parceiro.

Como observou Rosenfeld (1971) ao se referir ao narcisismo libidinal, o sujeito narcisista acha que tudo que é valioso nos objetos externos e no mundo exterior é parte dele. A fusão com o objeto serve justamente para não desfazer esse pressuposto de onipotência do sujeito.

A percepção da separação leva a uma sensação de perda. A partir daí, pode-se estabelecer um processo de luto ou de melancolia. Tendo em vista o tipo de escolha de objeto – a narcísica – por trás da paixão, elevam-se as chances de se estabelecer a melancolia, como veremos em breve.

Há ainda um componente agressivo, ou melhor, autoagressivo, que poderá levar a uma situação narcísica destrutiva. O objeto, quando reconhecido duplamente – na sua existência e enquanto portador das boas qualidades que o sujeito atribuía a si –, passa a ser atacado pelo impulso agressivo. E, como afirma Rosenfeld (1971), o sujeito também ataca a si próprio. Entendemos que o autor está se referindo a um processo semelhante àquele exposto por Freud (1917/1974i) ao abordar a melancolia. É provável que Rosenfeld, especialmente por ser um teórico das relações objetais,[5] reforce o narcisismo destrutivo como um ataque a uma parte de si identificada com o objeto perdido.

Rosenfeld (1988) fala de um ataque ao ego por causa da frustração com este ao descobrir que ele não é aquele ideal imaginado; tal ideal cabe ao objeto. Assim, o ego é autoatacado por ser ele o causador da frustração, dada a sua insuficiência. Na verdade, é um ataque de todas as formas, dirigido ao ego em si pela decepção que ele causou e um ataque ao objeto introjetado pela decepção da qual ele foi o precursor, o qual agora se fundiu ao ego.

Rosenberg (2003), mais recentemente, chama a atenção para o que Freud discorreu em 1924, sobre o ataque ao Eu advindo do Supereu, originando o sentimento inconsciente de culpa. É um ataque provocado pelo Supereu sádico que submete o Eu a seu padrão inatingível de ideal e de censura. Penso que há um ponto de conexão com a patologização da paixão quando do abandono do objeto que sustentava sua idealização, deixando o apaixonado à mercê de sua dor externamente causada somada a um sofrimento inconscientemente autoinfligido. O Ego perde o amor que tanto lhe é caro, o amor do Superego

Na paixão, quando o sujeito não consegue superar a perda do outro, mesmo que seja a perda da ilusão sustentada pelo outro, acreditamos que ocorra uma dinâmica dessa natureza. O sofrimento se perpetua em virtude dos ataques autodirigidos. O sujeito perdeu uma parte significativa de si, a parte que ele entendia como sendo totalmente "boa"; restam-lhe agora as partes más do objeto e de si próprio. Enquanto funcionamento mais primitivo, o objeto e o ego estão cindidos, em uma base de "somente bom" ou "somente mau". O sujeito entende que tudo que era bom foi-lhe retirado e ele ficou apenas com o que é ruim.

5 O texto "Luto e melancolia" de Freud (1917/1974i) é tido como emblemático para a teorização kleiniana.

Green é o outro autor que tem a acrescentar quanto à destrutividade embutida no narcisismo. Ele introduziu o conceito de narcisismo negativo, "duplo sombrio do Eros unitário do narcisismo positivo" (Green, 1988c, p. 41). Para Green, todo investimento objetal, assim como egoico, implica sua contrapartida, um movimento invertido, um retorno regressivo ao ponto zero. Esse retorno ao ponto zero caracteriza o narcisismo negativo.

O narcisismo negativo envolve a preponderância da satisfação narcisista sobre a satisfação objetal. Nesses casos, a primeira é julgada mais desejável do que a segunda, já que esta última implica uma satisfação submetida à dependência, ao objeto e às variações aleatórias dele. Além disso, há as respostas sempre incompletas que o objeto proporciona, muito aquém do que se imaginava que ele iria realizar.

O autor afirma que certos temas da metapsicologia freudiana mostram o trabalho da pulsão de morte em alguns aspectos da vida psíquica e cita entre elas a função do ideal.

Green (1988a) diz que Freud falou de um narcisismo primário absoluto, que seria, para o autor francês, a própria imagem do desinvestimento, vinculando-o à pulsão de morte. Podemos pensar que Green liga o ideal a tânatos por ser o ego ideal o substituto do narcisismo primário que subentende um refluxo das pulsões do objeto em direção ao ego, em um processo de desobjetalização, atividade nodal da pulsão de morte para ele.

Aqui se faz importante entender melhor o conceito de função desobjetalizante trazido por Green (1988c; 1988e; 2010). O autor sugere a hipótese de que o objetivo primordial das pulsões de vida é assegurar a função objetalizante, qual seja, criar uma relação com o objeto interno e externo, bem como promover à condição de objeto o que não possui nenhuma das qualidades, propriedades e atributos de objeto. Ele chama a esse artifício de objetalizar o investimento.

Inversamente, a meta da pulsão de morte é realizar uma função desobjetalizante pelo desligamento. Não é somente o objeto que é atacado, mas todos os seus substitutos, inclusive o ego. Green (2010, p. 100) afirma: "a manifestação própria à destrutividade da pulsão de morte é o *desinvestimento*".

O autor reflete que a função desobjetalizante é bem diferente do luto e se constitui em um procedimento mais radical que se opõe ao trabalho deste, uma vez que este último tem como núcleo o retorno à função objetalizante.

A ação da pulsão de destruição ou de morte, diz Falcão (2014), manifesta-se sob o efeito de uma função desobjetalizante pelo desligamento. A pulsão de morte está em ação cada vez que os objetos se encontram desqualificados e deixam de ser valorizados.

Ocorre um engodo ao pensar que há um investimento no objeto; há um investimento em uma ilusão de objeto que subtrai os investimentos outros em objetos substitutos; daí sim, caracterizando explicitamente o ataque a qualquer tipo de investimento, a uma desobjetalização do vínculo.

Aulagnier (1985), sem fazer menção a Green ou aos termos cunhados por ele, fala, de certa forma, em uma vontade "desobjetalizante" do ego, à medida que reafirma que, na paixão, o outro se torna uma necessidade, e não uma escolha. A partir dessa constatação, ela declara que o objeto da paixão é:

> *este objeto híbrido capaz de satisfazer ao mesmo tempo Eros e Tânatos, a supremacia do sofrimento como o desejo de não mais sofrer e não mais desejar que daí resultam mostram que a escolha de objeto é mais obra de Tânatos que de Eros. (Aulagnier, 1985, p. 157)*

Ainda a respeito de Tânatos, Segal (1988b, p. 95) também advoga que "o narcisismo primário é todo expressão da pulsão de morte", essencialmente na medida em que é desobjetalizante, deduzindo que só há narcisismo libidinal no narcisismo secundário.

É bastante interessante olharmos o ego ideal pelo prisma da pulsão de morte para entender a paixão patológica sob a perspectiva do narcisismo negativo. Pelo que vimos até agora, o ego ideal é a instância diretamente envolvida no apaixonamento, sendo projetado praticamente por completo no outro para o qual os investimentos são maciçamente dirigidos. Há uma descarga libidinal total no objeto externo, havendo uma estreita conexão com o narcisismo negativo de Green (1988a; 1988; 2010), onde há uma descarga total, chegando ao nível zero. Há também, de certa forma, uma situação de desobjetalização, ou narcisismo de morte, já que não há objetos outros para os quais o sujeito queira dirigir seus investimentos além do objeto da paixão, o qual, na verdade, é uma variante do narcisismo primário, que anula investimentos objetais. Todos os objetos acabam sendo desvalidos, desmerecedores de investimento libidinal.

Acreditamos que, com o ego deslocado para o outro, ficando empobrecido, fica mais difícil a elaboração do luto. O aprisionamento ao objeto, antes externo, agora internalizado pela via identificatória, gera um processo de melancolia. Na melancolia, oposta ao luto, há uma repetição mortífera no mesmo e um aprisionamento na dor.

Como mencionamos no Capítulo 2, no apaixonar-se, nem o objeto externo é investido, tampouco o ego. O objeto externo não é reconhecido em sua alteridade. A economia da paixão tende seriamente a empobrecer o ego, como frisou Freud (1921/1974k); um empobrecimento que pode levar à morte psíquica.

Vemos como o refluxo egoico saudável da libido e seu novo direcionamento aos objetos são importantes para a saúde psíquica do sujeito, o que se faz presente no trabalho do luto. Na melancolia, é a patologia diante da perda que predomina. Estudaremos um pouco desse processo para entender a paixão quando se torna patológica.

Melancolia

Freud (1917/1974i) distingue os dois movimentos do luto e da melancolia frente à perda do objeto, considerando o primeiro saudável e o segundo, patológico. Entendemos a melancolia como um dos destinos patológicos da paixão.

No luto, o mundo se torna pobre e vazio; já na melancolia, é o próprio ego que se empobrece, sentencia Freud (1917/1974i).

Na situação de melancolia, verifica-se que o tipo de escolha objetal era o narcísico, de modo que "a catexia objetal ao se defrontar com obstáculos, pode retroceder para o narcisismo" (Freud, 1917/1974i, p. 282). Esse tipo de escolha, que Freud percebe ser subjacente aos casos de melancolia, também está eminentemente presente nos casos de paixão. Daí podemos deduzir que a paixão e a melancolia trazem uma dinâmica semelhante e o que se aplica à melancolia pode ser usado para compreender a paixão.

Aqui é importante relembrar a descrição freudiana (1921/1974k) da economia psíquica no apaixonamento, dizendo que o ego se empobreceu transbordando sua libido para o objeto. Pensamos que a economia semelhante na paixão e na melancolia permite deduzir que a paixão tem grandes chances de um desenrolar patológico marcado no instante mesmo de sua instalação. Isso não significa que toda ela tenha necessariamente o mesmo destino.

Na configuração da melancolia, a pulsão sexual fica presa na sua volta ao ego, mais especificamente ao objeto perdido, que agora, por via identificatória, se agregou ao ego do sujeito, no que Freud (1917/1974i, p. 181) constata que "a sombra do objeto caiu sobre o ego". O investimento que deveria estar direcionado ao mundo externo agora é todo voltado ao mundo interno, porém de maneira soturna e melancólica, identificado que está com o objeto que o abandonou.

A retração narcísica é corolária do desinvestimento objetal, afirma Green (1988c, p. 164), "o sequestro objetal é o desafio de um combate implacável onde o Eu, pensando em machucar o objeto, só consegue machucar a si mesmo". Green (1988c) correlaciona o luto, como mecanismo estruturante, à pulsão de vida, sendo indispensável para a superação de fixações e necessário para as mudanças evolutivas. Em contrapartida, a melancolia, que se encontra em oposição ao luto, é permeada pelas pulsões de morte, originando situações que se caracterizam por lutos impossíveis.

Vale ressaltar que a catexia que retorna ao ego refere-se também a investimentos agressivos que seriam destinados ao objeto perdido, e, nesse caso, voltam-se contra o próprio sujeito, uma vez que este se identificou com o objeto. Há de se destacar que, nessas relações, há um forte componente de ambiguidade e, por ocasião da frustração, prevalece a raiva do objeto.

Klein (1991b) teoriza sobre os sentimentos ambíguos acerca do outro, inicialmente abordando a cisão do objeto (a qual leva também à cisão do ego do sujeito) em bons e maus. Ela explica que, na fase inicial do desenvolvimento do ego, que ela denomina esquizoparanoide, os objetos são divididos em bons e maus, assim facilitando a relação do bebê com eles. Os objetos bons são idealizados e servem para proteger o bebê dos objetos maus e temidos que o perseguem. Em termos gerais, a criança introjeta as partes boas e projeta as más[6] dos objetos e do ego, incapaz ainda de lidar emocionalmente com objetos totais.

Fagundes (1993) relembra que uma característica típica das relações objetais esquizoides é a sua natureza narcísica, a qual deriva dos processos introjetivos e projetivos infantis. Ela mostra que os mecanismos básicos presentes no narcisismo são: negação, cisão, identificação projetiva, onipotência e idealização, mecanismos também característicos da posição esquizoparanoide.

---

6 O termo esquizoparanoide vem de esquizo (cisão dos objetos em bons e maus) e paranoide (perseguição pelos objetos maus).

Por sua vez, Prado (1988) acrescenta que, nessa posição, o ego ideal é projetado em outra pessoa, tornando-a predominantemente amada e admirada porque contém as partes boas (impulsos libidinosos narcísicos) do ego. Nesse período mais primitivo, é o ego ideal que intermedeia as relações objetais.

Mezan (1987) observa que a idealização é um mecanismo de defesa contra as pulsões destrutivas, uma vez que o objeto ideal, totalmente bom, irá defender a criança do objeto mau, persecutório. Ele, entretanto, levanta outra questão: diante do objeto idealizado, sentimo-nos dispensáveis e inferiores, sem nada a acrescentar que o objeto já não possua. Isso desperta uma grande inveja e frustração com ele. A frustração se dá à medida que esse objeto tão poderoso não é capaz de aniquilar todas as angústias da criança. Nós sabemos que isso é impossível, mas ela ainda não; com isso, culpa o bom objeto por não lhe restituir o estado de bem-aventurança. A inveja e a frustração respondem também pela ambiguidade em relação ao objeto idealizado.

Com o desenvolvimento das funções egoicas, o bebê passa a perceber o objeto como um todo e a fazer reparação pelo dano causado imaginariamente aos maus objetos, que ele via apenas como maus, mas agora os percebe como outra faceta dos bons objetos. A criança descobre que, portanto, também atacava objetos tão preciosos e bons. Essa é a posição depressiva, nome dado em virtude da angústia prevalecente dessa época pelo mal causado imaginariamente aos objetos amados.

Na ambiguidade presente na melancolia, responsável pelo ataque do sujeito ao próprio ego, que agora se identificou ao objeto perdido, percebemos um funcionamento semelhante à posição primitiva do bebê descrita por Klein (1991a). O objeto amado e idealizado também é invejado e frustrante. Além disso, há maior dificuldade de integração do amor e do ódio relativos ao objeto.

Essa porção do ódio desintegrado em relação ao outro retorna para o sujeito, favorecendo a instauração da melancolia, em uma dinâmica psíquica em que uma parte diferenciada do ego, o superego, ataca o sujeito com o ódio outrora destinado ao objeto externo. Santos e Sartori (2007, p. 17) resumem: "A melancolia, podemos defini-la assim, é o avesso da paixão narcísica. É o ódio puro que viceja no lamaçal, pantanoso e fétido, da decepção consigo mesmo e com seu ideal".

O quadro que os autores se referem diz respeito a uma fase do desenvolvimento ainda incipiente do ego, que, portanto, lança mão de defesas menos elaboradas e que tem estreita ligação com o processo patológico da melancolia. Tal ligação entre a posição esquizoparanoide e a melancolia se verifica não só no tipo de escolha narcísica, mas também na ambivalência que acompanha a relação com o objeto.

Ao que nos parece, a paixão tem características mais evidentes da posição esquizoparanoide, especialmente no seu aspecto narcísico, conforme salientou Fagundes (1993).

Prado (1988) também corrobora nossa hipótese ao destacar que, na posição esquizoparanoide, é o ego ideal que se projeta no outro. Ego ideal e narcisismo primário estão fortemente entrelaçados no apaixonar-se, como temos visto ao longo deste livro.

Podemos agora pensar na relação estreita entre paixão e melancolia também pelo prisma da teoria kleiniana à medida que a melancolia é associada à posição mais primitiva do desenvolvimento do ego, fase balizada por uma dinâmica semelhante à da paixão. Diríamos que a melancolia é o outro lado da moeda da paixão, cujo valor de face é o narcisismo. Ambas, paixão e melancolia (sofrimento), estão entremeadas, uma levando a outra consigo, marcadas pela decepção. Seria, portanto, pertinente conjecturar que onde houver a melancolia, havia uma pessoa apaixonada que adoeceu? Uma pessoa que escolheu seu amado pelo viés narcísico e, sem perceber, elegeu uma forma *páthica* de se relacionar?

Paim Filho (2016, 2024) traz importantes considerações entrelaçando o narcisismo, a melancolia e o masoquismo primário, as quais se mostram bastante enriquecedoras para associar ao mecanismo psíquico do apaixonamento. O tema merece um estudo específico e esperamos que um trabalho desse porte possa nos abrir novos horizontes na pesquisa metapsicológica da paixão.

Por investir os objetos de maneira narcísica, para o melancólico é difícil desinvesti-los, reafirma Hornstein (2009). Uma escolha objetal dessa natureza, e a ambivalência que se escondia sob o investimento narcísico-idealizado do objeto, dificultam o luto. A melancolia ilustra como o ego é alimentado pelo objeto. "Produz-se uma regressão de escolha de objeto narcísico para o narcisismo. . . . A escolha narcísica se torna identificação narcísica" (Hornstein, 2009, p. 104). O investimento narcísico em um objeto, prossegue o autor, equivale a investir em si mesmo por meio do objeto, portanto, o melancólico sente a perda do objeto como uma perda de si. "O trabalho do luto . . . é bem-sucedido quando consegue ligar a pulsão de morte com Eros" (Hornstein, 2009, p. 104).

Castelo Branco (2014) nos recorda que o termo "melancolia" representa, desde Freud, um quadro de perda. No entanto, a perda melancólica é, em sua aparência, uma perda incomum. O melancólico é alguém que permanece ligado a um objeto de amor de maneira patológica, mesmo após a morte ou perda definitiva desse objeto.

No tipo de escolha com base narcísica, ao perder-se o objeto, perde-se também uma parte essencial do sujeito. Na medida em que se busca no outro o espelho para projeção de uma idealização primitiva, fazendo dele uma miragem onde possa admirar sua perfeição, ao se quebrar tal espelho, o sujeito se vê diante do "azar" de sua castração. Infelizmente, ao contrário da crendice popular, não serão sete anos de azar, mas uma "maldição" que se carregará por toda a vida.

Em vez de um refluxo da libido para o ego, para em seguida ser redirecionada a novos objetos possíveis, como seria a saída saudável na situação de luto, a catexia outrora destinada ao objeto fica presa à imagem dele que, a partir de então, paira sobre o ego do sujeito, sombreando novas chances de investimento.

O sujeito não se desliga do objeto narcísico e advém uma fixação e perda da maleabilidade de investimentos que caracterizam a patologia. No caso da perda do objeto da paixão, o objeto deixou de ser adequado, mas o ego não consegue encontrar substitutos, tão preso e fixado que se encontra ao objeto perdido.

Assim como na melancolia, na paixão também há um objeto perdido; nela, a perda se dará sem necessariamente haver um afastamento do objeto. Dela pode advir o luto ou a melancolia. Lembremos que a paixão está fadada ao fim, posto que é impossível sustentá-la em virtude das bases ilusórias na qual tenta se equilibrar. Mesmo que no lugar nasça o amor, algo fatalmente será perdido. O apaixonamento sempre envolverá um abandono que diz respeito à perda do reencontro da situação inicial narcísica.

Montero (2005, p. 20) adverte que:

> *Os casais que passam à história como símbolos da paixão perfeita muitas vezes se desfazem na patologia ou na mesquinhez quando olhados de perto. É que todos somos tentados a acreditar que o próximo é capaz de viver a plenitude que sempre se esquiva de nós mesmos: o amor absoluto, a felicidade completa.*

Estabelecer um investimento verdadeiro e amadurecido, no qual o outro é reconhecido como separado é essencial para um destino saudável da relação. Vemos como o papel do reconhecimento do outro é essencial para entender os mecanismos do apaixonamento e de seu possível adoecer. Estudaremos, então, o conceito de alteridade e depois de alienação para verificar suas conexões com outros destinos patológicos da paixão.

A negação da alteridade

Na teoria freudiana, fica evidente o trabalho demandado ao sujeito para sair do narcisismo primário ao se deparar com a existência do objeto por meio de suas necessidades não realizadas. A busca pelo objeto que satisfaça a pulsão inaugura e mantém o trabalho psíquico, bem como a subjetividade.

O reconhecimento do outro pode seguir diferentes caminhos, dos mais constitutivos aos mais desestabilizadores. Um deles, que interessa ao estudo da paixão, é a tentativa de negação da alteridade, com a manutenção de uma fusão ilusória.

Negar a alteridade serve para não se deixar alterar. O outro pode ser visto como um invasor que desestabiliza o sujeito, ele pode negar-se a reconhecê-lo para aliviar seu medo diante de tal estrangeiridade. O reconhecimento da alteridade foge à adequação e ao perfeito encaixe entre o eu e o outro e traz em si uma experiência traumática que passa pela percepção de que o outro sempre excede o sujeito (Coelho Jr. & Figueiredo, 2004).

Quanto à fusão com o outro, é provável que, pela ótica do sujeito, ele mal reconheça esse movimento em relação ao objeto, uma vez que ele pouco percebe o outro. Como não se trata de uma negação psicótica, o apaixonado sabe que o outro está ali, mas ele usa de subterfúgios para driblar a percepção do outro enquanto sujeito em si, separado e autônomo.

É comum vermos o apaixonado ter a certeza de saber o que é melhor para o amado, ou vê-lo completar aquilo que o outro quer dizer, deduzir o que o outro está pensando ou precisando. Esses são exemplos corriqueiros e superficiais de negação de vida própria do outro. Há outros mais complexos e nocivos, como vimos na perversão narcísica, e outros que podem se evidenciar quando o objeto não corresponde ao investimento do apaixonado. O sujeito não dá a opção de o outro não o desejar, ele sequer entende ou permite que o objeto tenha vontade e vida próprias. Muitos crimes passionais ocorrem imbricados nessa lógica de que o outro não tem o direito de viver uma existência à parte ou ter desejo diferente do apaixonado.

Uma maneira bem específica de negação da alteridade encontra-se no desmentido,[7] em que uma percepção é escamoteada, sendo vista, mas desprezada, permitindo que duas realidades contrárias convivam lado a lado. No nosso caso, o apaixonado vê o outro, sabe que ele é separado de si, mas não dá a ele o atributo de ser desejante. Não é à toa que consideramos um dos destinos patológicos da paixão o excesso do uso do mecanismo da recusa, fazendo do outro um objeto fetiche. A esse tema nos dedicaremos logo mais.

Ainda em relação à alteridade na teoria psicanalítica, há a posição de Laplanche (1967/1992a), oferecendo um interessante ponto de vista acerca do *outro*. O autor se utiliza do terceiro golpe narcísico infringido por Freud à humanidade[8] para falar da revolução que o pai da psicanálise trouxe ao mundo quando nos apresentou esse "outro" que nos habita, o inconsciente. Ele traça um paralelo entre a revolução feita por Copérnico ao deslocar a Terra do centro do Universo[9] e a empreendida por Freud. Daí o interessante nome do seu livro *A revolução coperniciana inacabada* (1967/1992a). Ele afirma que Freud provoca um descentramento radical que tem dois desdobramentos, um clássico, a descoberta do inconsciente, segundo Laplanche, um "centro que 'excentra'" (1967/1992a, p. XIII); e outro que é a teoria da sedução, aspecto escondido, porém indispensável ao primeiro, posto

7 Estamos nos referindo ao mecanismo da *Verleugnung*, que diferentes autores traduzem de diferentes maneiras. Citamos apenas alguns exemplos: rejeição em Freud (1927/1974m; 1938/1974p); renegação para Bleichmar (1985 *Introdução ao estudo das perversões*); recusa segundo Aulagnier (2003 *A perversão como estrutura*), desmentido para Serge André (1995 *A impostura perversa*) e Queiroz (2004).

8 Ao desapropriar o homem de sua própria casa, ou seja, de sua consciência.

9 Marcando o primeiro golpe narcísico da humanidade, destronando o sistema criado por Ptolomeu.

que é ele que mantém o inconsciente no seu papel de estrangeiro. O domínio do inconsciente é inseparável do seu início, reflete o autor, o qual cria desde então um hiato com todas as concepções do assim referido "inconsciente pré-freudiano" (Laplanche, 1967/1992a, p. XIII).

É bem sabido da importância da carta de Freud a Fliess de 21 de setembro de 1897 (1897/1986) em que ele revela ter que abandonar sua "neurótica". Ele havia descoberto que sua teoria da sedução infantil era majoritariamente fruto da fantasia dos pacientes e não havia tantos casos de sedução real quanto os relatados pelos neuróticos, bem como não havia tantos adultos perversos em Viena quanto davam a entender tais relatos.

Dessa maneira, concluiu que a sedução infantil se dava em fantasia e, mais ainda, que esta tinha o mesmo estatuto que a realidade material para o inconsciente. Freud não abandonou o peso da sedução real, nem as neuroses atuais delas advindas, porém pouco voltou a esse ponto ao longo de sua obra, muito menos sustentou sua teoria baseado nessa hipótese.

Laplanche (1987) não descartou a primeira hipótese freudiana, mas fez uma leitura bastante diferente a respeito da sedução, generalizando-a, sem perversificá-la, podemos dizer. A sedução é natural e não intencional por parte do adulto que cuida da criança, exercendo a maternagem.

Com os cuidados necessários ao infante, na amamentação, no banho, no ninar, o corpo da criança passa a ser erotizado, recebendo uma carga de estímulos que excede sua capacidade de elaboração psíquica.

O inconsciente é composto de cenas evocadas por lembranças e fantasias, declara Laplanche (1967/1992a), e, sobretudo, tais cenas são de ordem sexual. Ele explica que o primado do sexual se abre diretamente para a questão do outro, e, em relação à criança, se abre para a questão do adulto em sua posição de estrangeiro. "Corpo estrangeiro interno", "reminiscência" é o inconsciente enquanto estrangeiro no sujeito, que por sua vez é colocado no homem pelo estrangeiro, pelo outro, escreve Laplanche (1967/1992a).

Em um texto posterior, de 1990, compilado na obra citada, *A revolução coperniciana inacabada*, Laplanche (1990/1992b, p. 380) diz que a "alteridade do outro é a sua reação a seu Inconsciente, quer dizer, sua alteridade a si próprio".[10] O inconsciente, longe de ser o núcleo da pessoa, é o outro implantado no sujeito. Já o outro, no sentido de outra pessoa, é relacionado à construção da subjetividade humana. Sem o outro, o sujeito não se constitui, o que faria da alteridade algo benéfico, porém, o autor chama a atenção que, em Melanie Klein, e antes mesmo, em Freud, o objeto (o outro) é mau, primordialmente por causa das projeções nele efetuadas.

Percebemos o quanto esse outro é visto como ameaçador e o sujeito não se dá conta que precisa dele para se constituir e se manter. O outro é o estranho, o forasteiro, o estrangeiro, alguns chegam a desenvolver uma xenofobia diante desse algo que escapa dos domínios deles mesmos.

Apesar da paixão trazer o outro para junto de si, ela ao mesmo tempo, ou por isso mesmo, anula o outro enquanto sujeito desejante. O ser apaixonado, repetimos, não enxerga o outro como um terceiro, ele o vê como um espelho onde se mirar e se fascina consigo mesmo refletido na perfeição projetada. No entanto, o apaixonado não se dá conta disso, pois, além do outro sujeito que ele não reconhece, há um outro ainda mais poderoso que o cega, é o estrangeiro dentro de si, o inconsciente. Esses processos se dão nessa dimensão estranha que trazemos conosco e, por isso, o duplo desconhecimento: do terceiro e da dinâmica inconsciente.

Lembremo-nos, como dissemos no Capítulo 1, que paixão vem do termo *pathos*, assim como o vem a palavra passividade. Somos passivos diante das forças inconscientes, agimos sem saber que

10 Tradução livre.

estamos, na verdade, reagindo a algo que nos afeta sem o sabermos. Somos alterados por essa alteridade que habita em nós.

Somos também apassivados pelo outro, ele desperta em nós defesas e impulsos[11] que não sabemos explicar por completo pela razão. Segundo Laplanche (1987), esse outro nos apassiva desde o primeiro instante. Ele traz o erotismo para o campo psíquico.

Laplanche (1987) considera a sedução como o fato gerador mais importante em psicanálise. Refere-se à primeira teoria de Freud acerca do assunto (antes de 1897) como a teoria da sedução *restrita* caracterizada pela imposição sexual de um adulto a uma criança, originando cenas que eram recordadas e reconstruídas durante a análise,[12] em uma época em que Freud também se valia de informações colhidas junto à família do paciente, naquilo que Laplanche (1987, p. 113) denomina com bastante propriedade de "um verdadeiro inquérito objetivo".

Em outro momento teórico, após 1897, a passividade da criança assume certa atividade, relata Laplanche (1987), tendo em vista que, por trás da sedução passiva, há uma atividade de provocação da criança, nem que seja em fantasia, forjada pelo pequeno ser para mascarar seus desejos edipianos. O autor relata como para o próprio Freud, na sequência de 1897, a teoria da sedução experimenta um verdadeiro cataclismo, "cataclismo que começa por despedaçar, deslocar, alterar antes de, a seguir, recalcar e depois elaborar de maneira secundária os restantes elementos" (Laplanche, 1987, p. 123).

Vemos nessa virada teórica do abandono da "neurótica" freudiana o grande momento para a psicanálise, uma vez que ela traz para

11 Usamos aqui *impulso* no sentido de movimento, já que não somos da teoria de que é o objeto que desperta a pulsão, mas esta que parte em busca de um objeto.

12 Não concordamos que antes de 1897 se possa falar em processo psicanalítico, uma vez que ainda não havia o primado do estatuto da fantasia como realidade no inconsciente.

o centro da teoria, verdadeiramente, a sexualidade infantil, um dos pilares fundantes dos conceitos freudianos. Antes havia a sexualidade na infância, traumática, já que imposta. A partir dessa virada, a sexualidade passa a ser *da* infância, e não *na* infância; ela pertence a todas as crianças, é constitutiva, inerente ao humano. Isso não significa que ela não seja despertada pelo outro, estrangeiro, o adulto, mas ela não é imposta, ela é desvelada.

Nesse ponto, voltamos à Laplanche (1987, p. 122) e à "teoria da sedução generalizada". Ela tem relação com a "sedução precoce" introduzida por Freud (1933/1974o), em que o pai perverso dá lugar à mãe na relação pré-edipiana. A sedução é veiculada pelos cuidados corporais dispensados ao bebê quando a mãe desperta pela primeira vez sensações de prazer.

A diferença ressaltada e introduzida por Laplanche (1987) alarga a dimensão da sedução, observando que o despertar não se dá apenas a nível genital, mas igualmente ao conjunto de erogeneidade do corpo. A mãe traz a erogeneidade da criança à tona.

O outro, o estrangeiro, inaugura no bebê sensações que lhe pertencem, apoiando-se em funções orgânicas para se expressarem. O que era autoconservação assume uma função sexual. Apoiado no instinto de sobrevivência, de alimentação e cuidados básicos, o ego descobre outro tipo de satisfação, da ordem do prazer, emergido da libido colada à satisfação orgânica. Entramos na terra estrangeira do erótico, da interdição, do recalque, enfim, do inconsciente. Segundo Freud, o encontro com o objeto rememora esse primeiro encontro com o estrangeiro; todo encontro com o objeto é, na verdade, um reencontro com o mesmo (1905/1974a).

Nesse sentido, a paixão é a grande marca do outro, aquele que determina nossas respostas, sentimentos, defesas. Paixões são inexplicáveis, ao menos pela razão. Sua compreensão está na esfera do estranho em nós.

À medida que é o outro real – a mãe, na teoria laplancheana – que nos desvela o erotismo, criando a força do desejo pulsional, podemos também entender o medo que a alteridade traz para o sujeito. Ela inaugura um campo sem respostas ou objetos definidos, levando-nos a uma vida de buscas nunca plenamente realizadas. O verdadeiro objeto (qual seja) da satisfação estará para sempre perdido. A pulsão não tem objeto definido.

O objetivo da paixão é impossível e seu destino, incontornável: a decepção. É preciso (re)elaborar essa falta para dar um destino sadio ao apaixonar-se.

A negação da alteridade expressa o ápice do narcisismo; o outro é tão ameaçador ao relembrar sua importância devido à insuficiência do sujeito que ele tenta se convencer que esse outro não existe. Tarefa que não é fácil, já que o ser humano se constitui a partir do modelo alheio.

Na paixão, há a necessidade de fusão extrema; com isso, pode-se tentar eliminar fantasiosamente esse outro, na busca de recuperar um tempo em que ele não tinha relevância por não ser notado. Nisso está presente a negação da alteridade.

Há outra maneira de fusionar-se com o objeto que também leva a uma forma de adoecimento no apaixonamento: a alienação, em que não é o outro que é apagado, mas, sim, o próprio sujeito. Vejamos essa condição alienante.

Alienação

Na fusão da paixão pode haver, em maior ou menor grau, o não reconhecimento da alteridade, conforme expusemos até aqui. Há também outra possibilidade que envolve faceta semelhante no que tange à relação com o outro. Estamos nos referindo à alienação, condição particularmente descrita por Aulagnier (1985). Na paixão, tanto a alienação quanto a negação da alteridade podem ser entendidas como duas faces da mesma moeda, qual seja, o impacto do outro na vida psíquica do sujeito e as tentativas para lidar com esse abalo. Podemos pensar na negação da alteridade e na alienação como formas de funcionamento ativo e passivo da pulsão.

O abandono parece ser o grande medo do apaixonado, já disse Aulagnier (1985). Pensamos que há o abandono *pelo* outro e o abandono *no* outro, em que a pessoa se perde enquanto sujeito, assujeitada que está no outro: eis o cerne do fenômeno da alienação.

Diante da intolerância ao conflito, o qual evidencia a existência de "dois" ao invés de "um", compromete-se a atividade do pensar gerando a alienação, explica Aulagnier (1985, p. 34), que a considera uma patologia da idealização e assim a define:

> *um destino do Eu e da atividade de pensar que visa a um estado a-conflitual, através da abolição de todas as causas de conflito entre o identificante e o identificado e, também entre o Eu e seus ideais, o que implica visar à abolição de qualquer conflito entre o Eu, seus desejos e os desejos do Eu dos outros por ele investidos. . . . O estado de alienação do Eu se apoia em dois suportes essenciais: uma idealização maciça daquele que exerce para ele a função de força alienante e que é portanto, o suporte de um desejo de alienar, e a retomada pelo sujeito alienado deste mesmo desejo e desta mesma função em relação aos outros, mas agora enquanto adepto, combatente, "acólito" de uma causa.*

A alienação visa à redução do conflito e do sofrimento psíquico ao mínimo. Nela está implicada a negação da diferença entre os sujeitos, fazendo com que o desejo de um seja igual ao do outro; assim, a distância eu/outro se extingue na fantasia. Anulam-se conflitos, sofrimentos, diferenças e, por fim, incompletudes.

Aulagnier (1985) equipara a relação passional à relação de alienação, que, no seu entender, se não são idênticas, ao menos compartilham a mesma economia psíquica, fazendo do objeto de prazer uma necessidade, enxergando-o como vital, deixando o sujeito sem possibilidade de escolha.

Para não se instalar uma condição de patologia, é necessário que o ego tenha podido conservar a capacidade de deslocamento e mobilidade dos investimentos, escreve a autora, possibilitando ao sujeito privilegiar tal ou qual ordem de pensamentos, finalidade e fonte de prazer.

Gori (2006) se refere à dor da paixão de uma forma que nos permite associar à conceituação dada por Aulagnier. Ele escreve que o apaixonado suplica por abolir tudo que possa separá-lo da fusão do amado.

> *O outro se tornou o próprio lugar do meu ser, ele me falta, vem corporificar minha falta a ser, e, desesperadamente tento reunir-me a ele. Entretanto, para isso é preciso destruir tudo que dele me distingue. (p.126)*

Outro autor que também aborda a alienação é Hornstein (2009). Ele faz referência a Aulagnier, mas desenvolve suas próprias conclusões. Ele pontua que "a dúvida é a castração no registro do pensamento" (Hornstein, 2009, p. 158) e, na alienação, o sujeito remete a totalidade dos pensamentos ao juízo exclusivo do outro, assim anulando a própria dúvida. Levando adiante o que disse o autor, podemos deduzir que essa é uma maneira de também anular a castração e sentir a completude primitiva. Mais uma vez o sonho do apaixonado dando as caras.

O autor associa a alienação à paixão, afirmando que o apaixonado foge do conflito, iludindo-se ao pensar que o objeto alienante ou o objeto da paixão o excluirá da possibilidade de sofrimento psíquico. Em seguida, mostra como esse expediente não funciona, argumentando que quando a capacidade de pensar é parasitada, doada ao outro pela idealização, o que acontece é apenas uma regressão, uma vez que o sujeito não chegou a aceitar que não há saber absoluto.

De forma categórica, ele resume:

> *A idealização amputa, amedronta, deprime, despoja, intimida, cerceia, inibe, submete, paralisa. Em suma aliena. O desejo de não ter de pensar é a vitória da pulsão de morte que converte o pensamento em uma atividade ecolálica, estereotipada, mimetizada com o idealizado. (Hornstein, 2009, p. 159)*

Apesar de Eros ter toda relação óbvia com a paixão, no seu aspecto desejante, na supervalorização sexual, na libido narcísica (do ego ideal) projetada maciçamente no outro, há também o outro aspecto da libido que está sempre fusionado à pulsão de vida: a pulsão de morte.

Negar o outro não deixa de ser também uma expressão da pulsão de morte, coisificando, desobjetalizando a pulsão, nos dizeres de Green (1988c), sequestrando dos objetos seus investimentos. O outro não é um objeto a ser investido, o verdadeiro objeto é o ego ideal do sujeito que está projetado no outro. A paixão se dá às expensas do ego do sujeito, ela alimenta o outro, quase matando de inanição o narcisismo do ser apaixonado, como Racamier (1993) e Eiguer (2014) demonstraram.

Aulagnier (1985) traz suas preciosas colaborações ao apresentar o conceito de alienação que anula o sujeito, não o outro; ela é a pulsão de morte autodirigida à medida que desfaz as ligações pensantes do sujeito. Ele não tem ideias próprias, ele tem simulacros de ideias copiadas do ser apaixonado com o qual não quer entrar em conflito com a finalidade de anular a separação, as diferenças, anulando os conflitos manifestos pelas ideias. Outra vez uma anulação, porém nessa dinâmica, anulando a si mesmo. Mais mortífero ainda.

Não só a pulsão de morte se faz presente nas patologias da paixão; há ainda outra perspectiva que gostaríamos de abordar, a da paixão enquanto fetiche, enquanto engodo para tamponar a castração. De certa forma, voltamos ao narcisismo primário, no entanto, nunca havíamos pretendido nos distanciar dele, uma vez que determinamos o ego ideal enquanto o norte da paixão.

Fetichismo

Procuraremos estabelecer alguns pontos em comum entre a paixão e a perversão, em especial o fetichismo. Para isso, vamos nos valer do mecanismo característico do fetiche com o objetivo de verificar semelhanças com o apaixonar-se.

Freud tratou do fetiche desde "Três ensaios sobre a teoria da sexualidade" (1905/1974a) até o fim de seus escritos. Além de outros pontos de sua obra, ele escreveu um artigo emblemático sobre o tema ("Fetichismo", 1927/1974m) e deixou um outro inacabado ("A divisão do ego nos processos de defesa", 1938/1974p), em que discorria sobre o mecanismo primordial do fetichismo.

No início da teorização psicanalítica, o fetiche é uma das perversões citadas no primeiro de seus três ensaios enquanto tipo de sexualidade perversa em que há a supervalorização de uma parte do corpo de outra pessoa ou de um objeto que se torna essencial para o ato sexual. Ele refere-se a uma pulsão parcial que é satisfeita por causa da fixação do sujeito à sexualidade infantil a qual ainda não amadureceu a ponto de ter atingido a genitalização.

Vale ressaltar que, desde essa época, a psicanálise já considerava como patologia algo que fixasse a libido, portanto, as perversões teriam que ter o caráter de modalidade de satisfação exclusiva para serem consideradas patológicas.

Em outro momento, a partir de "Fetichismo" (1927/1974m), há acréscimos à teoria da perversão, particularmente, ou por causa de sua percepção acerca do fetiche. Freud considera então que um mecanismo específico é utilizado no fetiche, a *Verleugnung* (rejeição), no qual uma percepção é rejeitada à consciência, apesar do sujeito ainda manter essa crença conscientemente. São duas informações contraditórias que coexistem com certa pacificidade, sem que o sujeito psicotize.

Freud (1927/1974m) diferencia a rejeição do recalque (*Verdrängnung*) explicando que o segundo se refere à vicissitude do afeto; já para a vicissitude da ideia, a palavra correta seria rejeição (*Verleugnung*). Em uma nota de rodapé, ele acrescenta que o recalque se aplica à defesa contra exigências pulsionais internas, advindas do id, ao passo que rejeição se dá como defesa contra as reinvindicações da realidade externa, trazidas via superego.[13]

Freud (1927/1974m) considera o fetiche um substituto do pênis da mulher (a mãe) em cuja existência o menino outrora acreditou e não deseja abandonar tal crença em virtude do medo da ameaça de castração se concretizar. Se a mulher foi castrada, ele também poderá ser. Ele cria um estratagema, o objeto fetiche, para continuar acreditando na existência do pênis nas mulheres e estar mais a salvo da castração.[14] O fetiche representa o falo feminino.

---

13 Abriremos aqui um pequeno adendo quanto à questão da terminologia *Verleugnung* em português. Estamos utilizando, nesse momento, *rejeição* por ser a palavra empregada na tradução da *Edição standard brasileira das obras completas*, no entanto, existem outras traduções para *Verleugnung*, que foram empregadas nos tópicos anteriores, dependendo do autor que a está usando, como renegação, recusa, desmentido, como citado na nota de rodapé 7 deste Capítulo. Consideramos esses termos igualmente pertinentes e haverá necessidade de recorrer a eles conforme o autor que estivermos citando. Preferimos não manter uma uniformidade da palavra referente ao mecanismo da *Verleugnung* em prol de sermos fidedignos com o que determinado autor considerou mais apropriado como tradução. Caso se refira a outro mecanismo que não a *Verleugnung*, deixaremos isso claro.

14 Nesse caso, verificamos o trabalho do recalque como defesa quanto ao desejo incestuoso, do id; e da rejeição enquanto defesa da castração, cuja ameaça é uma das funções paternas, superegoicas.

"O fetiche significa, portanto, o triunfo sobre a ameaça de castração", resume Ferraz (2000, p. 33), e permanece na vida sexual do fetichista, cumprindo seu papel de proteção contra ela.

Apesar de não ter podido concluir seu pensamento nesse texto, Freud (1938/1974p) deixa claro o que começara a dizer em 1927/1974m: que o mecanismo de rejeição não é restrito ao fetichismo, mas é utilizado por todos os seres humanos, sendo bastante útil para a sobrevivência psíquica frente ao medo da castração que os toma de assalto diante da descoberta das distinções anatômicas entre os sexos.

Pereda (1996) traz uma visão semelhante, abordando a recusa em um sentido além do patológico; ela o aborda também no sentido estrutural. Esse sentido permite compreender o seu efeito simbólico na organização subjetiva, enquanto sustentáculo da ilusão e de crenças infantis. A autora argumenta que a ilusão é expressão do desejo inconsciente e serve para apoiar a função de idealização, própria do processo identificatório.

> *Recusa-se a ausência do objeto desde a primeira alucinação, que daí por diante dará conta do fantasma. Desde a primeira inscrição, a recusa começa sua tarefa sobre a dialética presença-ausência. (Pereda, 1996, p. 541)*

Entendemos que sem a ilusão, o desejo não se mantém, não há ideais aos quais se identificar, implicando um prejuízo não só da função de simbolização (se não há desejo, não há falta), mas também da própria construção da identidade como um todo.

"É necessário recusar a morte e a castração no contexto indefensável", afirma Pereda, para mais adiante acrescentar: "insistimos na ação estruturante da recusa que dá conta do imaginário narcisista, onipotente, infantil, sempre ameaçado pela castração" (1996, p. 541).

Com isso, acreditamos que ela sintetiza o porquê de a recusa ser estruturante: com o aparelho anímico ainda em início de organização, seria impossível lidar com angústias tão aniquilantes que colocassem em jogo a própria continuidade do ser. O psiquismo seria esfacelado antes de ter a chance de criar defesas contra medos tão poderosos.

Podemos pensar na função da recusa enquanto mecanismo necessário para manter o narcisismo primário, estruturante. Ele é importante no início, mas precisa ser posto de lado ao longo do desenvolvimento do ego. Mesmo que constitutivo, já sabemos da importância de sair da perspectiva autocentrada, posta inicialmente, para dar continuidade à subjetivação. Quanto à recusa, é preciso abandonar esse mecanismo por outros mais elaborados.

Para sair da recusa, diz Pereda (1996), é preciso ter acesso à descrença, que implica a aceitação da diferença. Sua persistência dificulta todo trabalho de separação, da elaboração do luto, da dependência narcísica, "tudo o que tem sua origem em modalidades de relacionamentos que supõem um ficar 'dependurado' no outro" (Pereda, 1996, p. 542).

Naves (1999) faz uma aproximação entre a perversão e o narcisismo, intermediados pelo papel da recusa. Ela se indaga se a perversão não seria uma defesa estruturada contra uma angústia narcísica, na qual o sujeito se vale do mecanismo chave da perversão – a recusa – para aplacar seus temores narcísicos.

Ela relembra Freud (1927/1974m) ao referir-se à recusa como forma encontrada pela criança para negar os reais perigos da ameaça de castração. A autora chama a atenção para o fato desse mecanismo não encontrar uma resolução definitiva para o sujeito, uma vez que:

> *o que foi negado continua presente e exige uma constante renovação. Ele se recusa a perceber a experiência que prova que as mulheres não possuem pênis, no entanto, não conserva a crença que elas tenham um. No lugar dessa crença, mantém o fetiche que se materializa em um objeto. (Naves, 1999, p. 112)*

Não deixa de ser um processo paradoxal de negação e, ao mesmo tempo, de reconhecimento. Um processo que cobra um preço elevado pela estratégia criada, que decorre na clivagem do ego, mantendo uma linha muito tênue de separação entre a perversão e a psicose.

No quesito da paixão, vemos essa linha se partir na erotomania, também conhecida como síndrome de Clérambault, na qual a pessoa acredita ser completamente correspondida pelo objeto da paixão, em geral um objeto inacessível, com o qual não existe nenhuma relação. Não nos estenderemos nessa síndrome, apesar da sua riqueza, pois não nos focaremos nos quadros psicóticos do apaixonar-se.

Naves (1999) observa que a representação do falo materno tem importância crucial para o desenvolvimento psíquico do indivíduo, uma vez que a presença deste representa a certeza da presença de si. Com isso, ela conclui que a presença da perversão está a serviço da manutenção de um estado narcísico: "A angústia mobilizada pela castração constitui uma ameaça para a integridade do Eu e, nesse sentido, a negação se torna um eixo em torno do qual, provavelmente, essa autonomia e integridade poderiam ficar asseguradas" (Naves, 1999, p. 114).

No que se refere ao reconhecimento do outro, Naves (1999) explica que a percepção da alteridade pode vir a significar um esvaziamento de investimentos do eu, pois onde houver risco de depender do desejo alheio, haverá um obstáculo à satisfação do próprio desejo. Para manter-se narcisicamente investido, é preciso ter a posse do outro sem entraves e sem adiamento, o que leva à necessidade de desconsiderar a realidade do objeto. Essa descrição nos aproxima muito do que temos visto até agora sobre o apaixonamento, especialmente no que tange a dificuldades frente às ameaças à economia narcísica.

Encontramos uma estreita aproximação entre a recusa e o fetichismo expostos por Naves (1999) e seu papel no apaixonar-se quando ela afirma que, diante da persistência da recusa da ausência, todo trabalho de separação estará dificultado, levando ao prejuízo da simbolização, que acarretará o predomínio do ato sobre o pensamento. Para o apaixonado, além de ser preciso estar fisicamente ao lado do objeto para não incorrer em sofrimento, ele não aceita que são dois, em vez de um. O outro em sua alteridade é renegado (*Verleugnung*) em alguns casos.

Relembramos Aulagnier (1985) quanto a relacionar a paixão à necessidade, eliminando a possibilidade de escolha. Na recusa, a presença desse outro também passa pela urgência da necessidade, ainda mais porque o sujeito ainda não tem a capacidade de simbolização desenvolvida. É fundamental ver e estar com o outro concretamente, fusionalmente, o sujeito não aprendeu a imaginar a satisfação; ele conhece atos, e não pensamentos.

Além disso, tal qual vemos na paixão patológica, o outro é ser coisificado, não se reconhece a alteridade, ele serve enquanto objeto de projeção de um ideal. Paradoxalmente, não é um objeto facilmente cambiável, pois assumindo lugar de objeto fetiche, como é o caso, já está implícito um comprometimento da maleabilidade pulsional, portanto, tem que ser ele o representante do falo materno e do reasseguramento na integridade narcísica do sujeito. O objeto fetiche da paixão tem a função de manter coeso o narcisismo do sujeito apaixonado.

Queiroz (1999) e Safatle (2010) apresentam ideias que nos fazem pensar em outra perspectiva quanto a esse aspecto. Queiroz (1999, p. 84) observa que há uma diferença sutil entre a perversão e a paixão, que repousa no fato de:

> *nas paixões o ser tomado de paixão torna-se objeto e paciente dela e se entrega ao outro ser, que o afeta, sem que necessariamente haja o apagamento do sujeito, enquanto nas perversões, a relação de alteridade fica comprometida.*

Safatle (2010, p. 84) refere a intercambialidade do fetiche, em que o fetichista conhece bem "o caráter substituível dos objetos de seu desejo, pois sua fixação não é ao objeto, mas ao traço atributivo que ele porta e a respeito do qual ele sabe muito bem não ser um atributo *do objeto*".

De acordo com esses pontos de vista, que fazem todo sentido, não poderíamos pensar em uma conexão entre paixão e fetichismo. Assumimos que, na paixão, há de ser aquele objeto e só ele, os outros se apagam. Essa premissa vai de encontro com a opinião dos autores citados.

No entanto, pensamos que ao falarmos de paixão, na sua vertente mais patológica enquanto parecida com o mecanismo do fetiche, ainda podemos manter alguns pontos de contato. Apesar de haver diferença para com o fetichismo, há outras semelhanças relevantes.

Na paixão patológica, há maior impacto da dificuldade diante da alteridade, o que torna o objeto escolhido mais coisificado. Nela, há também uma prevalência da pulsão de morte, o que compele ainda mais a uma desobjetalização do vínculo. Esses aspectos nos permitem aproximarmo-nos um pouco mais do fetichismo, lembrando que estamos falando de modo de funcionamento psíquico e não de estrutura enquanto tal, na qual estariam em jogo maior cristalização dos mecanismos e da economia psíquica.

Tratar da paixão pelo seu viés fetichista não significa dizer que os apaixonados tenham uma estrutura perversa. Queiroz (2004), por exemplo, deixa bem clara essa distinção ao se reportar ao discurso perverso na clínica. Ela marca uma diferença entre o discurso perverso e o discurso *do* perverso. O primeiro é um discurso marcado pelo desmentido (*Verleugnung*), sem necessariamente ser um discurso exclusivo de pessoas perversas.

A autora frisa que a tendência atual "parece apontar para uma fenomenologia da perversão, nem sempre relacionada ao desvio sexual ou à estrutura clínica" (Queiroz, 2004, p. 17) e acrescenta que o fato de a sociedade estar se constituindo em uma montagem perversa não significa necessariamente que os sujeitos tenham estrutura perversa.

Assim também se posiciona Lebrun (2008, p. 251). Ele observa que "não é porque sujeitos participam de uma economia perversa, que, por isso, eles mesmos são perversos, no sentido em que teriam a ver com a estrutura perversa", explicando que uma economia perversa é aquela em que funciona "a renegação da falta" (Lebrun, 2008, p. 272) sem necessariamente fazer daqueles que a compartilhem sujeitos perversos.

Não pretendemos afirmar que as pessoas com estrutura perversa não compartilhem de uma forma de apaixonar-se patológica. O perverso apresenta, sim, uma forma doentia de apaixonar-se. Tanto os perversos como os psicóticos podem apresentar uma patologia no apaixonamento. O que estamos destacando é que falar de uma característica perversa do apaixonamento é uma situação circunstancial a determinadas paixões, que não a configura necessariamente em um quadro de perversão ou de psicose.

Reforçamos que, ao traçarmos um paralelo entre o estado do apaixonamento e o fato de ele compartilhar características e defesas perversas, isso não significa que a paixão seja perversão no seu sentido nosográfico. Procuramos pontos de contato com a forma de funcionamento fetichista para olhar a paixão patológica por esse viés.

Prosseguindo nessa linha, encontramos em Green (1988a) conexões entre a pulsão de morte e a perversão. Para ele, a perversão evidencia a presença de aspectos destrutivos consideráveis; seu caráter despersonalizado, a petrificação do objeto da perversão dá margem a pensar num processo de desobjetalização, processo que evidencia a carência narcísica presente nessas pessoas.

Lebrun (2008, p. 256), citando Hiltenbrand (1998) no *Dictionnaire de la psychanalyse*, traz a seguinte definição de perversão: "a experiência de uma paixão humana em que o desejo é suportado pelo ideal de um objeto inanimado". Esta é uma definição bastante próxima do que temos averiguado nas nossas leituras. Sempre haverá um ideal envolvido na dinâmica da paixão, pelos nossos dados, veiculado pelo ego ideal.

Agregando mais dados a essa linha teórica, Ferraz (2014) baseado no trabalho de Stoller (1975/2014), tem outras considerações interessantes para nosso estudo. Quanto à alteridade, ele afirma que, no trabalho de fantasia encenada pelo perverso, há o corolário da desumanização do objeto, o qual não é, nem pode, ser reconhecido na sua alteridade, sob pena de colocar em risco a montagem perversa.

Pensamos que essas derivações da perversão trazidas por Green (1988c, 1988e) e Ferraz (2014) se aplicam ao apaixonamento. O outro é desumanizado até mesmo para que não lhe sejam atribuídas falhas e ele continue refletindo o ideal projetado. Se o outro tiver vida e vontade próprias, ficará evidente a diferenciação entre sujeito-objeto.

"Os indivíduos nos quais a ansiedade de castração foi provocada de forma abrupta e intensa são candidatos potenciais à perversão", pontua Ferraz (2014, p. 158). Sabendo que ele está se baseando no trabalho de Stoller, podemos entender a "provocação abrupta e intensa" a que ele se refere como sendo um fato real e concreto que se sucedeu, uma vez que Stoller (1975/2014) defendia a existência de um trauma real infligido à criança para poder convertê-la em um perverso.

Mesmo não concordando que tenha havido obrigatoriamente um fato real, podemos tomar a afirmativa de Ferraz (2014) para entender que a paixão se conecta à perversão no sentido de evitar o máximo possível a verdade da castração. O sujeito tem a necessidade de se aferrar ao momento idílico do narcisismo primário, sem castração, sem faltas, sem esperas, sem frustração.

Stoller (1975/2014, p. 52) apresenta uma visão psicanalítica peculiar à compreensão da perversão: ela é "a forma erótica do ódio" (p. 52). Um ódio despertado quando um adulto abusa sexualmente de uma criança. Ela buscará por vingança na vida adulta, criando montagens perversas em que repetirá a cena da qual foi vítima, dessa vez no papel de algoz e, assim, obterá seu triunfo. Para o autor, sempre haverá vontade de causar dano ao objeto, sempre estará presente a *hostilidade*, que é exatamente esse desejo de danificar o outro.

Lembramos que, ao falarmos do narcisismo destrutivo para Rosenfeld (1971, p. 169) neste capítulo, citamos uma afirmação sua de que "o ódio, enquanto relação com o objeto, é mais antigo que o amor". Freud (1915/1974e), bem antes, já havia sentenciado que o objeto nasce do ódio. Então, podemos pensar que, em certos indivíduos, mesmo que não tenham passado pela experiência real do trauma da sedução, esse ódio inerente às relações se faz presente e pode ser dirigido contra o outro com toda hostilidade, calcado na economia perversa. A paixão, que é o próprio excesso e desmesura, pode ser, inclusive, excesso de ódio disfarçado.

Hanna Segal (1988a) fez uma articulação entre a perversão e o ódio, como apontamos anteriormente, ao falarmos do narcisismo patológico. Ela refere que nas perversões, a libido se apresenta de forma mais contundente a favor da pulsão de morte. O objeto, enquanto causa e solução para o desequilíbrio pulsional, recebe uma grande carga de ódio e inveja, podendo se tornar, portanto, um objeto de perversão, ao ser eleito objeto da paixão.

O outro pode provocar raiva e vontade de vingança; para Stoller (1975/2014), isso se dá por motivos concretos: um ato de sedução de um adulto para com uma criança. No entanto, com Laplanche (1987; 1992a e 1992b), vimos o quanto os cuidados maternos já são em si uma sedução generalizada, colocando todos os sujeitos na situação de passíveis resultantes desse trauma que é trazido pelo outro.

Ou seja, essa sedução "imaginariamente concreta" pode estar fantasiosamente registrada no psiquismo de todos nós. Laplanche (1992a e 1992b) nos remete a outra alteridade que é o inconsciente, esse outro estranho em nós, que transforma a realidade fantasiada em realidade material. Não é preciso haver um evento no mundo externo para provocar angústia e disparar defesas; elas são deflagradas pelas fantasias mesmas.

França (2014) apresenta um interessante ponto de convergência entre a perversão e a posição esquizoparanoide kleiniana. Ela afirma que o perverso é aquele que funciona apenas na posição esquizoparanoide, ou seja, ele é dominado pelos processos da clivagem do ego, pela ansiedade persecutória e pela possibilidade exclusiva de que se estabeleçam relações de objeto parciais, dificultando, dentre outros, a elaboração do processo de luto.

Vimos neste capítulo, acerca da melancolia, como esta tem conexão com a posição esquizoparanoide, ao passo que o luto está associado à posição depressiva. Percebemos ao longo do trabalho que a paixão traz uma escolha de objeto semelhante àquela que subjaz os casos de melancolia e que também tem estreita semelhança com mecanismos da posição esquizoparanoide, como idealização extrema e cisão do objeto, levando a relações marcadas pela ambivalência, a qual se encontra em larga medida nos processos melancólicos. Essas linhas de convergência nos permitem situar a paixão correlata também à perversão.

Rey-Flaud (1994) traz o fetiche a partir da idealização, observando que a idealização foi o primeiro conceito a partir do qual Freud começou seus esforços para compreender a natureza do fetiche. O sujeito toma a parte pelo todo e elege um elemento, investindo-o como ideal, no lugar da pessoa total.

> *A idealização é uma operação que seleciona um "traço" atributivo do objeto e eleva esse "traço", significante em sua origem, à função de representar todos os significantes do objeto e, para além, de todos os seus significantes, o ponto inexpugnável ao significante, que constitui a intimidade inefável do objeto, aquilo que a linguagem comum chama de "o encanto". (Rey-Flaud, 1994, p. 48)*[15]

15 Tradução livre.

Freud reconheceu o fetiche como um objeto possuidor da propriedade de disparar sozinho a força do desejo amoroso, declara Rey-Flaud (1994) e explica que Freud observou que, nos homens normais, o gatilho da paixão também se dava em condições análogas, onde o despertar do desejo estava submetido a certas qualidades particulares do objeto. Nós amamos uma pessoa em virtude de semelhanças com outras pessoas que igualmente foram amadas. Acreditamos que aí se encontra o "traço" que se repete, parecido com o fetiche. Ele afirma que a paixão se produz assim que o sujeito encontra uma mulher que apresente o "traço" do seu primeiro objeto.

Apesar de algumas semelhanças, o autor mesmo se incumbe de diferenciar ambos: fetiche e paixão. Para Rey-Flaud (1994), no fetiche, o ponto de interesse se refere um *defeito* do objeto; ele se apresenta como um antimodelo, um anti-ideal. Nesse sentido, o "traço" perverso não se situa em uma cadeia de similitudes; ao contrário, ele funda uma nova cadeia de representantes. Imaginamos que essa é a estratégia fetichista para afastar ainda mais o objeto sexual do objeto incestuoso: romper o máximo possível a associação consciente entre eles.

Em "Sobre o narcisismo: uma introdução", Freud (1914/1974d) declara: "o estar apaixonado consiste num fluir da libido do ego em direção ao objeto. Tem o poder *de remover as repressões e de reinstalar as perversões*" (p. 118, itálico nosso). Acreditamos que isso decorre de uma espécie de retorno à sexualidade infantil, veiculada pela supervalorização sexual do outro, a dificuldade de aceitar qualquer interdição, a volta da sensação de ser onipotente, e, conforme temos visto, a prevalência de uma relação parcial com o objeto, com a parte de si próprio projetada nele, qual seja, o ego ideal. Verificamos que Freud, de alguma forma, via uma relação entre a paixão e a perversão.

Romano (1994) relembra que nos *Três ensaios*, Freud (1905/1974a) relaciona o fetichismo com a valorização sexual excessiva presente no apaixonamento. A autora traz outra conexão apresentada no artigo metapsicológico sobre repressão (1915/1974f), em que Freud afirma que se encontra na origem do fetiche a dinâmica na qual o representante pulsional original é dividido em duas partes: uma é recalcada, a outra, idealizada. Sabemos o quanto de idealização há na paixão e não podemos nos abster de pensar nessa outra maneira possível de entender a paixão via fetichismo, conforme já encontramos em Rey-Flaud (1994).

Aqui se torna propício retomar outra questão que envolve cisão, desta vez, uma divisão dos investimentos objetais numa corrente afetiva e outra sensual, abordado no Capítulo 2. Romano (1994) pontua que, na infância, a corrente terna é idealizada e a sensual, degradada, em virtude da situação edipiana. É esperado que a junção de ambas se dê na vida adulta, direcionando-as a um único e novo objeto.

A autora pondera que, quando não ocorre a síntese das correntes, o objeto fetiche se apresenta como solução de um impasse: ao investir no fetiche, a pessoa amada fica protegida da degradação, pois é separada do objeto fetiche, para o qual é destinada a corrente sensual.

Citando Smirnoff (1970 *apud* Romano, 1994), ela conclui que o fetiche é garantia de um prazer incestuoso, permitindo a realização de uma relação sexual normal em aparência, uma vez que o afeto terno se encontra na pessoa amada e o afeto sensual é deslocado sobre um objeto que representa um aspecto degradado e desconhecido do objeto de amor incestuoso. Assim, o objeto fetiche asseguraria uma solução "paralela" para o complexo de Édipo e um evitamento da angústia de castração.

Eiguer (2014), referindo-se à perversão narcísica[16], diz que nela há uma relação de objeto extremamente desumanizada, em que ele fica reduzido a um equivalente de fetiche. Tendo a visão de si mesmos como "desérticos", esses sujeitos conservam a lembrança de exultante sensualidade que viram na mãe. Sobre esse vazio, que o autor diferencia de uma falta, desenvolve-se a clivagem, a denegação, a necessidade de impostura.

---

16 Vista no item "Narcisismo patológico: o narcisismo que mata e fere" deste capítulo.

Essas pessoas, segundo o autor, apresentam um apagamento do limite identitário, sendo incapazes de captar o menor sinal de desejo no outro, incapazes de perceber suas diferenças. Ele reflete que são sujeitos que tiveram uma relação materna em que a mãe o investia como ego ideal narcísico, construindo um contato especular no qual se refletiam as perfeições comuns de ambos. "Nem um nem outro se vê diante de uma pessoa, mas de uma parte de si, aquela que alimenta o orgulho deles" (Eiguer, 2014, p. 100). Essa descrição se aproxima bastante da descrição da projeção do apaixonado sobre o objeto eleito, o qual funciona como um espelho para o sujeito se vangloriar de sua perfeição.

Ao apresentar as ideias de diversos autores, pretendemos levantar a questão da paixão enquanto forma de fetiche, onde ambos compartilham economias psíquicas próximas, usando de mecanismos de defesa semelhantes. Na paixão, o objeto fetiche é o próprio outro coisificado e percebido apenas parcialmente, na parte de perfeição que emana via projeção; esse objeto funciona enquanto fetiche que escamoteia a castração do sujeito, pois simboliza o falo materno, desmentindo a incompletude subjetiva.

Sabíamos que não seria possível esgotar ambos os assuntos infindáveis, a paixão e o fetiche, em sua complexidade, mas nosso objetivo era apontar um caminho outro para entender a paixão e suas nuances via essa perversão.

Perversão, melancolia, posição esquizoparanoide, todas compartilham economia semelhante e uma fase mais regredida do desenvolvimento psíquico, com mecanismos pouco elaborados e economia incipiente. Esses fatores nos permitem entender o apaixonamento nas suas características patogênicas e sofridas, posto que as defesas anímicas mobilizadas em tal circunstância são as mais frágeis e primitivas do sujeito.

Não estamos sugerindo que só existam essas formas de entender a paixão no seu caráter patológico. Essas são algumas que consideramos mais pertinentes à correlação que estabelecemos como ponto de partida, aquele referente ao ego ideal. Percebemos um intenso entrelaçamento do ego ideal com patologias como o narcisismo destrutivo, no qual há grande participação da pulsão de morte, com a negação da alteridade, a alienação e a perversão.

Cada traço aqui discutido, marcado por uma certa patologia, pode se combinar com os demais dando características particulares a diferentes destinos do apaixonamento. A questão narcísica está na base das patologias, uma vez que o ego ideal está no cerne do apaixonar-se e este traz estreita conexão com o narcisismo primário. Ao associar-se com a pulsão de morte, por exemplo, pode gerar um ciclo que se apresenta de forma viciosa, enredando o sujeito em suas teias eternamente repetidas, mortalmente não criativas.

O desenrolar da paixão pode ser mais, ou, menos frustrante, a depender do caminho que ela possa seguir, pode encontrar na patologia seu destino e terminar aprisionando e matando de sede de amor o ego do apaixonado, que começou sua jornada em busca de alimento erótico para a alma.

Considerações finais

Paixão e patologia dividem o mesmo radical, *páthos*. O *páthos* da paixão nos levou a pensar nos aspectos de sofrimento e passividade envolvidos nela, levantando a questão se toda ela seria patológica. Percebemos que pesquisar o tema seria de muita relevância para nosso trabalho clínico, à medida que nos forneceria subsídios para entendermos mais a dinâmica psíquica envolvida nesse sentimento tão marcadamente humano e que surge com frequência nos nossos consultórios.

Para estudá-la pelo viés da metapsicologia freudiana, delimitamos nosso campo de investigação à paixão amorosa, diferenciando-a do amor e buscando algo que a caracterizasse, lhe fosse específica e respondesse pelo seu quadro *sui generis*.

Nosso primeiro e principal norte foi associar a paixão ao ego ideal, diferentemente do amor, onde se faria mais presente o ideal do ego. Diferenciando as instâncias ideais e aprofundando o estudo do ego ideal, pudemos compreender melhor o que era específico da paixão. O ego ideal é projetado no objeto da paixão. Este, enquanto instância mais regredida, está intimamente conectado ao narcisismo primário, estágio muito inicial do desenvolvimento anímico, o que responderia ao porquê de a paixão ser tão demandante, tão regredida, imediatista e fusional.

Especulamos que há três tipos de paixão: o enamoramento, o qual daria espaço para o amor; a autocombustão, aquela que terminaria naturalmente e sem maiores danos, consumida no seu próprio fogo, sem o oxigênio de outros investimentos; e finalmente a paixão patológica, essa sim marcadamente sofrida, aprisionada na fixidez, repetição e excesso que caracterizam a patologia em psicanálise.

Dentre os tantos destinos que a paixão pode enveredar pelo caminho da patologia, nosso foco foi o narcisismo patológico, a melancolia, a negação da alteridade, a alienação do sujeito e o fetichismo. Optamos por não entrar na seara das psicoses para podermos nos aprofundar mais nos destinos abordados. Em todos eles, havia o papel fundamental do ego ideal e, por continuidade, do narcisismo primário.

Percebemos uma grande interconexão entre os destinos patológicos da paixão e nos foi difícil separá-los em dinâmicas distintas, sobretudo as patologias narcísicas e a melancolia. Acreditamos que não haja uma única maneira de a paixão se tornar patológica, e sim, que todas têm grandes chances de se fazerem presentes em mais de um quadro do adoecimento.

Por exemplo, o narcisismo destrutivo leva o ego a autoatacar-se, o narcisismo negativo pretende matar o ego de inanição, investindo na função desobjetalizante. Por sua vez, na negação da alteridade, o sujeito faz do outro um mero refletor de sua perfeição, que acaba também, por ser muito próximo da coisificação do fetiche, fazendo do objeto um talismã ou uma poção de *feitiço*, palavra de onde veio o termo *fetiche*. Na alienação, o sinal encontra-se trocado: o sujeito se subtrai da relação, apagando-se para iludir-se de que não há conflito, não há dúvida, não há castração. Assim, o ciclo vai se autoalimentando e, ao mesmo tempo, se fechando, matando de asfixia a alma[1] do sujeito.

---

1 Usamos a palavra "alma" com a conotação de anímico, forma como Freud também se referia a aparelho psíquico.

Toda paixão seria patológica? Essa questão jamais nos deixou em paz. Ao que tudo indica, deveríamos responder que não, uma vez que lhe determinamos três possibilidades, sendo a patologia apenas uma delas. Porém, após tudo que lemos acerca do *páthos*, não podemos negar que a paixão é *páthica*, além de passional. Ela sempre traz sofrimento e passividade.

Toda ela traz a desilusão consigo, é impossível se apaixonar sem sofrer a decepção de não ter atingido o objetivo primeiro: o retorno narcísico primário. Todo apaixonado terá uma perda; dela pode-se elaborar o luto ou entrar na melancolia, entretanto, a perda será uma marca incontornável.

Em toda paixão há a passividade, talvez mais do que em qualquer outro sentimento; nela está presente aquilo que nos toma de assalto e nos espanta. E não falamos somente da paixão à primeira vista, falamos da passividade em relação a uma história primeira que se repete sem termos consciência: a época da bem-aventurança na fusão perfeita com o objeto primário. Somos passivos diante dessa demanda inconsciente.

E finalmente, não recuaremos diante da ideia de que, de certa forma, toda paixão é também patológica.[2] Patológica no sentido da psicopatologia da vida cotidiana, no sentido de inerente ao patológico que há em todos nós. A paixão seria como o sonho, que tem como ponto de partida um funcionamento psicótico; ela tem como ponto de partida a *hybris*, aquilo que nos excede e que nunca daremos conta. Ela é patológica por natureza. Porém, como no sonho, devemos acordar para não entrarmos num estado psicótico permanente. Aí está a saída para a patologia da paixão: dar outro destino que não aquele para o qual ela parece fadada.

2 Aqui queremos nos remeter à hipótese levantada por Rocha (2016) abordada no final do Capítulo 1.

Assim como o amor da mãe permite ao bebê perceber gradativamente e o menos doloridamente possível que ele não é onipotente, espera-se que o mesmo se dê com a paixão: que o amor possa fazer os laços verdadeiros com o outro, num movimento criativo, verdadeiramente erótico.

O amor por si mesmo também é uma possível saída saudável do apaixonamento, ou seja, a desilusão frente à nova tentativa de completude narcísica pode ser mitigada por um narcisismo primário bem elaborado, o qual alimenta de reservas de amor-próprio o ego do sujeito, para assim ele poder elaborar a frustração do narcisismo primário não atingido, num processo de luto, e não de melancolia.

A dinâmica envolvida na paixão tem muito de patológica, de *páthos*, passividade e sofrimento, no entanto, seu destino não precisa necessariamente ser o aprisionamento na patologia. Assim como acordamos dos sonhos a cada amanhecer, podemos acordar do estado de fascinação autoengendrada na paixão e despertar para novas e criativas dinâmicas de relacionamento.

Referências

Alberoni, F. (1988). *Enamoramento e amor*. Rocco.

André, S. (1995). *A impostura perversa*. Jorge Zahar.

Aristóteles. (2017). *Retórica*. Edipro.

Aulagnier, P. (1985). *Os destinos do prazer*. Imago.

Aulagnier, P. (2003). A perversão como estrutura. In *Revista Latinoamericana de psicopatologia fundamental, VI*(3), 43-69.

Bandiou, A., & Truong, J. (2013). *Elogio ao amor*. Martins Fontes.

Baranger, W. (1994). O narcisismo em Freud. In W. Baranger (Org). *Contribuições ao conceito de objeto em psicanálise* (pp. 20-39). Casa do Psicólogo.

Barthes, R. (1991). *Fragmentos de um discurso amoroso*. F. Alves.

Bauman, Z. (2004). *Amor líquido: sobre a fragilidade dos laços humanos*. Jorge Zahar.

Bento, V. E. S. (2006). Tóxico e adicção comparados a paixão e toxicomania: etimologia e psicanálise. *Psicologia USP, 17*(1), 181-206.

Bento, V. E. S. (2007). Para uma semiótica psicanalítica das toxicomanias: adições e paixões tóxicas no Freud pré-psicanalítico. *Revista Mal-estar e subjetividade, 7*(1), 89-121.

Bergeret, J. (1988). *Personalidade normal e patológica*. Artes Médicas.

Berlinck, M. T. (1998). O que é psicopatologia fundamental. *Revisa Latinoamericana de Psicanálise, 1*(1), 46-59.

Berlinck, M. T. (2002). Editorial. *Revisa Latinoamericana de Psicanálise, 5*(2), 7-11.

Birman, J. (1993). *Ensaios da teoria psicanalítica parte I*. Jorge Zahar.

Bleichmar, H. (1985). *Introdução ao estudo das perversões*. Artes Médicas.

Breuer, J., & Freud, S. (2016). Sobre o mecanismo psíquico dos fenômenos histéricos – Comunicação Preliminar. In *Estudos sobre a histeria* (Vol. 2, pp. 18-38). Companhia das Letras. (Trabalho original publicado em 1893)

Canguilhem, G. (2009). *O normal e o patológico* (6ª ed. rev). Forense Universitária. (Trabalho original publicado em 1966)

Caon, J. L. (1994). O pesquisador psicanalítico e a situação psicanalítica de pesquisa. *Psicologia: reflexão e crítica, 7*(2), 145-174.

Castelo Branco, F. (2014). Sobre o amor e suas falhas: uma leitura da melancolia em psicanálise. *Ágora, 27*(1), 85-98.

Ceccarelli, P. (2005). O sofrimento psíquico na perspectiva da psicopatologia fundamental. *Psicologia em estudo, 10*(3), 471-477.

Coelho Jr., N. E., & Figueiredo, L. C. (2004). Figuras da intersubjetividade na constituição subjetiva: dimensões da alteridade. *Interações, 9*(3), 9-28.

Comte, A. (1828). Examen du Traité de Broussais sur l'irritation. *Système de politique positive* (cf. 28, t. IV, p. 216).

Dunker, C. (2017). *Reinvenção da intimidade, políticas do sofrimento cotidiano*. Ubu Editora.

Eiguer, A. (2014). A perversão narcísica, um conceito em evolução. *Revista Brasileira de Psicanálise, 48*(3), 93-104.

Escribens, A. (2007). El principio de irrealidad. Acerca del amor, el sexo y el psicoanálisis. *Revista Psicoanálisis de la Sociedad Peruana de Psicoanálisis, 5*, 53-62.

Espanca, F. (1923). Fanatismo. In *Livro de sóror saudade* (p. 3). Tipografia A Americana.

Fagundes, J. O. (1993). Ilusão de fusão e narcisismo. *Revista Brasileira de Psicanálise, 27*(3), 423-442.

Falcão, L. (2014). Cem anos de narcisismo: aquém da psicanálise e além de Freud. *Revista Brasileira de Psicanálise, 48*(3), 41-56.

Faveret, B. M. S., Mendonça, A. L. S., Coelho, E. R., & Faustino, R. R. (2007). Eros no século XXI: Édipo ou Narciso? *Tempo Psicanalítico, 39*(1), 35-50.

Fédida, P. (1992). *Crise et contre-transfert*. PUF.

Fédida, P. (2000). *De uma psicologia geral a uma psicologia fundamental*, Comunicação ao V Congresso Brasileiro de Psicopatologia Fundamental, Campinas.

Ferraz, F. C. (2000). *Perversão*. Casa do Psicólogo.

Ferraz, F. C. (2014). Perversão, hostilidade e abuso. In P. F. Cassandra (Org.). *Tramas da perversão: a violência sexual intrafamiliar* (pp. 153-162). Escuta. (Trabalho original publicado em 2000)

Ferreira Neto, J. L. (2004). *A formação do psicólogo:* Clínica social e mercado. Escuta.

Figueiredo, L. C. (1999). *Palavras cruzadas entre Freud e Ferenczi*. Escuta.

França, C. P. (2014). Existe criança perversa? In C. P. França (Org.). *Tramas da perversão: a violência sexual intrafamiliar* (pp. 125-151). Escuta.

Freud, S. (1974a). Três ensaios sobre a teoria da sexualidade. In *Edição standard brasileira das obras completas* (Vol. 7, pp. 123-253). Imago. (Trabalho original publicado em 1905)

Freud, S. (1974b). Um tipo especial de escolha de objeto feita pelos homens (Contribuições à psicologia do amor I). In *Edição standard brasileira das obras completas* (Vol. 11, pp. 147-158). Imago. (Trabalho original publicado em 1910)

Freud, S. (1974c). Sobre a tendência universal à depreciação na esfera do amor (Contribuições à psicologia do amor I). In *Edição standard brasileira das obras completas* (Vol. 11, pp. 159-174). Imago. (Trabalho original publicado em 1912)

Freud, S. (1974d). Sobre o narcisismo: uma introdução. In *Edição standard brasileira das obras completas* (Vol. 14, pp. 85-122). Imago. (Trabalho original publicado em 1914)

Freud, S. (1974e). O instinto e suas vicissitudes. In *Edição standard brasileira das obras completas* (Vol. 15, pp. 129-164). Imago. (Trabalho original publicado em 1915)

Freud, S. (1974f). Repressão. In *Edição standard brasileira das obras completas* (Vol. 14, pp. 165-184). Imago. (Trabalho original publicado em 1915)

Freud, S. (1974g). Conferência 23 – Conferências introdutórias à psicanálise. In *Edição standard brasileira das obras completas* (Vol. 16, pp. 419-440). Imago. (Trabalho original publicado em 1917)

Freud, S. (1974h). Conferência 26 – Conferências introdutórias à psicanálise. In *Edição standard brasileira das obras completas* (Vol. 16, pp. 481-502). Imago. (Trabalho original publicado em 1917)

Freud, S. (1974i). Luto e melancolia. In *Edição standard brasileira das obras completas* (Vol. 14, pp. 271-298). Imago. (Trabalho original publicado em 1917)

Freud, S. (1974j). Além do princípio do prazer. In *Edição standard brasileira das obras completas* (Vol. 18, pp. 13-88). Imago. (Trabalho original publicado em 1920)

Freud, S. (1974k). Psicologia de grupo e análise do ego. In *Edição standard brasileira das obras completas* (Vol. 18, pp. 89-182). Imago. (Trabalho original publicado em 1921)

Freud, S. (1974l). O ego e o id. In *Edição standard brasileira das obras completas* (Vol. 19, pp. 13-88). Imago. (Trabalho original publicado em 1923)

Freud, S. (1974m). Fetichismo. In *Edição standard brasileira das obras completas* (Vol. 21, pp. 175-187). Imago. (Trabalho original publicado em 1927)

Freud, S. (1974n). Mal-estar na civilização. In *Edição standard brasileira das obras completas* (Vol. 21, pp. 75-176). Imago. (Trabalho original publicado em 1930)

Freud, S. (1974o). Conferência 31 – Novas conferências introdutórias. In *Edição standard brasileira das obras completas* (Vol. 22, pp. 75-102). Imago. (Trabalho original publicado em 1933)

Freud, S. (1974p). A divisão do ego no processo de defesa. In *Edição standard brasileira das obras completas* (Vol. 23, pp. 305-312). Imago. (Trabalho original publicado em 1938)

Freud, S. (1986). *A correspondência completa de Sigmund Freud para Wilhelm Fliess 1887/1904*. Imago. (Trabalho original publicado em 1897)

Freud, S. (2014). Inibição, sintoma e angústia. In: *Obras completas Vol. 17 - Inibição, sintoma e angústia, o futuro de uma ilusão e outros textos* (pp. 13-123). Companhia das Letras. (Trabalho original publicado em 1926)

Freud, S. (2019). O tabu da virgindade. In: *Amor, sexualidade, feminilidade (Contribuições para a psicologia da vida amorosa III)* (pp. 155-176). Autêntica. (Trabalho original publicado em 1918)

Gori, R. (2004). *A lógica das paixões*. Companhia de Freud.

Gori, R. (2006). A lógica das paixões. In A. M. Rudge. *Traumas* (pp. 125-140). Escuta.

Green, A. (1988a). Mesa redonda. In A. Green, J. Laplanche, H. Segal, E. Rechardt & C. Yorke. *A pulsão de morte* (pp. 91-109). Escuta.

Green, A. (1988b). Prefácio. In: *Narcisismo de vida, narcisismo de morte*. Escuta.

Green, A. (1988c). *Narcisismo de vida, narcisismo de morte*. Escuta.

Green, A. (1988d). Paixões e suas vicissitudes. In *Sobre a loucura pessoal* (pp. 217-256). Imago.

Green, A. (1988e). Pulsão de morte, narcisismo negativo, função desobjetalizante. In A. Green, J. Laplanche, H. Segal, E. Rechardt & C. Yorke. *A pulsão de morte* (pp. 57-68). Escuta.

Green, A. (2010). *O trabalho do negativo*. Artmed.

Growald, A.G. (1997). Paixão e amor: uma visão psicanalítica. *Revista Psychê, 1*(1), 25-34.

Haddad, G. (2011). Encontros amorosos: amor, paixão e desejo na cultura moderna. *IDE, 34*(52), 123-131.

Hanly, C. (1984). Ego ideal and ideal ego. *International Journal of Psychoanalysis, 65*(3), 253-261.

Hegel, G. W. F. (2015). *Cursos de estética* (Vol. 1). Edusp.

Hiltenbrand, J.-P. (1998). Perversion. In R. Chemama & B. Vandermersch. *Dictionnaire de Psychanalyse*. Larousse.

Hornstein, L. (2009). *Narcisismo, autoestima, identidade, alteridade*. Via Lettera.

Iribarry, I. N. (2003). O que é pesquisa psicanalítica. *Ágora, 6*(1), 115-138.

Kernberg, O. F. (1995). *Love Relations: Normality and Pathology*. Yale University.

Klein, M. (1991a). Notas sobre alguns mecanismos esquizóides. In *Inveja e gratidão e outros trabalhos* (pp. 17-43). Imago. (Trabalho original publicado em 1946)

Klein, M. (1991b). Algumas conclusões relativas à vida emocional da criança. In *Inveja e gratidão e outros trabalhos* (pp. 85-118). Imago. (Trabalho original publicado em 1952)

Kohut, H. (1988). *A psicologia do self e a cultura humana*. Artes Médicas.

Kuss, A. S. S. (2015). *Amor, desejo e psicanálise*. Juruá Editora.

Lacan, J. (1992). *O seminário Livro VIII – A transferência*. Jorge Zahar. (Trabalho original publicado em 1960)

Lacan, J. (1995). As três formas da falta de objeto. In *O seminário Livro IV - A relação de objeto* (pp. 24-39). Jorge Zahar.

Laplanche, J. (1987). *Novos fundamentos para a psicanálise*. Edições 70.

Laplanche, J. (1992a). Ponctuation. In *La révolution copernicienne inachevée* (pp. 3-6). Aubier. (Trabalho original publicado em 1967)

Laplanche, J. (1992b). Le temps e l'autre. In *La révolution copernicienne inachevée* (pp. 359-384). Aubier. (Trabalho original publicado em 1990)

Laplanche, J., & Pontalis, J.-B. (1988). *Vocabulário da psicanálise* (10ª ed.). Martins Fontes.

Lawn, C. (2007). *Compreender Gadamer*. Vozes.

Lebrun, G. (1987). O conceito de paixão. In S. Cardoso, M. Chaui, J. Coli, L. G. Ferreira, M. R. Kehl, M. Lahud, G. Lebrun, P. Leminski, L. R. Martins, O. Matos, R. Mezan, K. Muricy, B. Nunes, H. Pellegrino, J. A. M. Pessanha, R. J. Ribeiro, S. P. Rouanet & J. M. Wisnik. *Os sentidos da paixão* (pp. 17-34). Companhia das Letras.

Lebrun, J-P. (2008). *A perversão comum: viver junto sem o outro*. Companhia de Freud.

Lejarraga, A. L. (1998). Paixão e desamparo. *Cadernos de Psicanálise*, *20*(12), 161-171.

Lejarraga, A. L. (dez. 2002-jan. 2003). Freud e Winnicott: do apaixomanento à capacidade de amar. *Pusional Revista de Psicanálise*, *15*(164/165), 42-49.

Lemaire, J. G. (1986). *La pareja humana: su vida, su muerte, su estrutura*. Fondo de Cultura Econômica.

Lins, R. N. (2007). *A cama na varanda: arejando nossas ideias a respeito do amor e sexo: novas tendências*. Best Seller.

Lousada, W. (1957). Prefácio. In Stendhal. *Do amor*. Ediouro.

Lowewald, H. W. (1962). The superego and ego-ideal. *International Journal of Psychoanalysis*, *43*(3), 264-268.

Manduca, T. S., & Ferreira, S. D. (2023). *Será que é amor? O amor em diferentes modalidades de sofrimento na clínica*. Literare Books International.

Martins, A. (2009). Uma violência silenciosa: considerações sobre a perversão narcísica. *Cadernos de Psicanálise*, *31*(22), 37-56.

Martins, F. (2000). O que é páthos? *Revista Latinoamericana de Psicopatologia Fundamental*, *2*(4), 62-80.

Martins, L. F. (1987). O dom de Édipo. In S. Cardoso, M. Chaui, J. Coli, L. G. Ferreira, M. R. Kehl, M. Lahud, G. Lebrun, P. Leminski, L. R. Martins, O. Matos, R. Mezan, K. Muricy, B. Nunes, H. Pellegrino, J. A. M. Pessanha, R. J. Ribeiro, S. P. Rouanet & J. M. Wisnik. *Os sentidos da paixão* (pp. 329-357). Companhia das Letras.

Meyer, M. (1990). Introdução. In R. Descartes. *Les passions de l'âme* (pp. 5-14). Librairie Générale Française.

Meyer, M. (1994). *O filósofo e as paixões*. Asa.

Mezan, R. (1987). A inveja. In S. Cardoso, M. Chaui, J. Coli, L. G. Ferreira, M. R. Kehl, M. Lahud, G. Lebrun, P. Leminski, L. R. Martins, O. Matos, R. Mezan, K. Muricy, B. Nunes, H. Pellegrino, J. A. M. Pessanha, R. J. Ribeiro, S. P. Rouanet & J. M. Wisnik. *Os sentidos da paixão* (pp. 117-140). Companhia das Letras.

Minkowski, E. (1999). Breves reflexões a respeito do sofrimento. *Revista Latinoamericana de Psicopatologia Fundamental*, *3*(4), 156-164.

Moguillansky, R. (2014). Narcisismo, o senso comum e a alheidade: fundamentos de uma ética psicanalítica. *Revista Brasileira de Psicanálise*, *48*(3), 105-124.

Montero, R. (2005). *Paixões*. Ediouro.

Naves, E. T. (1999). O papel da recusa nas relações entre narcisismo e perversão. *Revista Latinoamericana de Psicopatologia Fundamental*, 2(2), 108-120.

Nunberg, H. (1989). *Princípios da psicanálise.* Atheneu. (Trabalho original publicado em 1932)

Paim Filho, I. A. (2016). *Metapsicologia, um olhar à luz da pulsão de morte*. Movimento.

Paim Filho, I. A. (2024). Comunicação pessoal.

Paim Filho, I. A., & Terra Machado, A. P. (2021). Masoquismo destino das pulsões: origem do sujeito. In *Pulsão de morte: a inegável existência do mal.* CEPdePA.

Patrício de Almeida, A. (2022). *Psicanálise de Boteco: o inconsciente na vida cotidiana.* Paidós.

Paz, O. (2001). *A dupla chama: amor e erotismo*. Siciliano.

Pellegrino, H. (1987). Édipo e a paixão. In S. Cardoso, M. Chaui, J. Coli, L. G. Ferreira, M. R. Kehl, M. Lahud, G. Lebrun, P. Leminski, L. R. Martins, O. Matos, R. Mezan, K. Muricy, B. Nunes, H. Pellegrino, J. A. M. Pessanha, R. J. Ribeiro, S. P. Rouanet & J. M. Wisnik. *Os sentidos da paixão* (pp. 307-328). Companhia das Letras.

Pereda, M. C. (1996). Recusa, seu efeito estrutural e sua dimensão patogênica. *Revista Brasileira de Psicanálise*, *30*(3), 539-545.

Pereira, M. E. C. (2004). Pierre Fédida e o campo da psicopatologia fundamental. *Percurso Revista de Psicanálise*, *18*(31/32), 45-54.

Person, E. S. (2007). Eros, amor y sexualidad. *Revista Psicoanálisis de la Sociedad Peruana de Psicoanálisis*, 5, 13-24.

Platão. (2017). *O banquete*. Edipro.

Prado, M. P. (1988). *Narcisismo e estados de entranhamento*. Imago.

Queiroz, E. F. (1999). Do *páthos* do teatro grego à paixão da contemporaneidade. *Revista Symposium*, 3(Esp), 79-85.

Queiroz, E. F. (2004). *A clínica da perversão*. Escuta.

Racamier, P. C. (1993). *Le génie des origines*. Payot.

Rey-Flaud, H. (1994). *Comment Freud inventa le fetichisme et reinventa la psychanalyse*. Payot & Rivages.

Ribeiro, R. J. (1987). A paixão revolucionária e a paixão amorosa em Stendhal. In S. Cardoso, M. Chaui, J. Coli, L. G. Ferreira, M. R. Kehl, M. Lahud, G. Lebrun, P. Leminski, L. R. Martins, O. Matos, R. Mezan, K. Muricy, B. Nunes, H. Pellegrino, J. A. M. Pessanha, R. J. Ribeiro, S. P. Rouanet & J. M. Wisnik. *Os sentidos da paixão* (pp. 417-436). Companhia das Letras.

Rocha, Z. (2008a). Freud e a paixão amorosa. In *Freud: novas aproximações* (pp. 101-124). Editora Universitária da UFPE.

Rocha, Z. (2008b). Freud e o narcisismo. In *Freud: novas aproximações* (pp. 21-74). Editora Universitária da UFPE.

Romano, E. (1994). O conceito de objeto fetiche: sua sistematização. In Baranger, W. *Contribuições ao conceito de objeto em psicanálise* (pp. 175-218). Casa do Psicólogo.

Rosa, G. (1993). *Grande sertão: veredas* (3ª ed.). José Olympio.

Rosenberg, B. *Masoquismo mortífero e masoquismo guardião da vida*. São Paulo: Escuta, 2003.

Rosenfeld, H. (1962). The superego and the ego-ideal. *International Journal of Psychoanalysis*, *43*(3), 258-263.

Rosenfeld, H. (1971). A clinical approach to the psychoanalytical theory of the life and death instinct: an investigation into the aggressive aspects of narcissism. *International Journal of Psycho-Analysis*, *52*(4), 169-178.

Rosenfeld, H. (1988). *Impasse e interpretação*. Imago.

Roudinesco, E. (2019). *Dicionário amoroso da psicanálise*. Jorge Zahar.

Rougemont, D. (1956). *O amor e o ocidente*. Vega.

Safatle, V. (2010). *Fetichismo: colonizar o outro*. Civilização Brasileira.

Santos, T. C., & Sartori, A. P. (2007). Loucos de Amor! Neuroses narcísicas, melancolia e erotomania feminina. *Tempo Psicanalítico*, *39*, 13-33.

Segal, H. (1988a). Da utilidade clínica do conceito de pulsão de morte. In A. Green, J. Laplanche, H. Segal, E. Rechardt & C. Yorke. *A pulsão de morte* (pp. 31-44). Escuta.

Segal, H. (1988b). Mesa redonda. In A. Green, J. Laplanche, H. Segal, E. Rechardt & C. Yorke. *A pulsão de morte* (pp. 91-109). Escuta.

Semi, A. A. (2011). *O narcisismo*. Loyola.

Silva, M. H. B. (2002). *A paixão silenciosa*. Escuta.

Smirnoff, V. N. (1970). La transaction fétichique. *Nouvelle Revue de Psychoanalysis*, n. 2, 41-63.

Stendhal. (1957). *Do amor*. Ediouro. (Trabalho original publicado em 1822)

Stoller, R. J. (2014). *Perversão: a forma erótica do ódio*. Hedra. (Trabalho original publicado em 1975)

Suy, A. (2022). *A gente mira no amor e acerta na solidão*. Paidós.

GRÁFICA PAYM
Tel. [11] 4392-3344
paym@graficapaym.com.br